RÉFLEXIONS

SUR

LE COMMERCE

DE FRANCE.

RÉFLEXIONS

SUR

LE COMMERCE

DE FRANCE;

PAR M. GARONNE, AINÉ.

Sur nos Manufactures. — Sur les Douanes. — Sur le Traité de Commerce fait avec l'Angleterre en 1786. — Sur les Franchises des Ports. — Sur la possibilité de former à Paris un Entrepôt, qui offrirait de grands avantages et beaucoup de facilités au Commerce de cette Ville.

A PARIS,

CHEZ {
P. MONGIE, Libraire, Cour des Fontaines, N°. 1, et Galeries de Bois du Palais du Tribunat, N°. 224;
CAPELLE et Compagnie, Libraires - Commission-naires, rue J. - J. Rousseau, au Dépôt Général de l'Almanach du Commerce.

AN XII. — 1804.

INTRODUCTION.

L E capital d'une nation se compose de l'ensemble des fortunes particulières.

Son revenu, de la valeur échangeable du produit annuel de ses terres et de son travail.

Sa dépense, de sa consommation annuelle.

Chaque nation a des moyens d'employer ses revenus d'une manière qui lui est plus ou moins favorable et qui est relative à la nature de ces produits, au plus ou moins d'encouragement que la perfection de son agriculture et la supériorité de ses institutions commerciales apportent à son industrie particulière.

L'intérêt personnel de chaque individu le porte à rechercher avec le plus grand soin les moyens les plus propres de donner à son capital particulier l'emploi qu'il croit devoir lui être le plus avantageux.

Les capitaux particuliers tendent donc toujours à attirer à eux celle des branches de l'industrie nationale qui doit leur être la plus utile.

Il n'y a pas de loi qui puisse donner à l'industrie une direction plus avantageuse que celle qu'elle aurait prise naturellement, parce que chaque citoyen sait mieux que le législateur ce qui doit profiter le plus à ses intérêts.

Il n'y a pas de réglement de commerce qui soit capable d'augmenter l'industrie d'un pays au-delà de ce que le capital de ce pays peut en entretenir : car

A

un particulier, comme une nation, ne peuvent employer que le nombre d'ouvriers qui est en proportion avec la masse totale de leurs capitaux, et le nombre d'ouvriers occupés par ce particulier par ou par la
nation, ne peut jamais excéder cette proportion.

L'établissement des douanes peut avoir le double
avantage de fournir des revenus à l'État et de favoriser le commerce national.

Mais tout systême de ce genre qui, pour grossir les
revenus de l'État, n'a d'autres ressources que des
droits trop élevés, et qui, pour favoriser l'industrie,
ne connaît d'autre moyen que celui de prohiber l'importation des marchandises de fabriques étrangères,
n'est réellement ni productif pour le Gouvernement,
ni favorable pour le commerce.

Des droits modérés et proportionnés aux localités
et à diverses convenances donnent au commerce la
faculté de multiplier ses transactions, avec un
moindre capital, et ce moyen est toujours le plus sûr
pour entretenir à peu de frais une grande abondance
et des prix plus bas pour les consommateurs.

Des droits trop élevés occasionnent toujours des
frais de perception énormes et provoquent sans cesse
une contrebande que les lois les plus rigoureuses et
les mesures les plus répressives ne sauraient jamais
repousser en entier.

Les prohibitions donnent lieu aux mêmes inconvéniens : le monopole intérieur qu'elles ont pour but
d'accorder à une certaine classe de citoyens, est, de
tous les moyens d'exciter l'industrie, le moins effi-

cace pour ces citoyens privilégiés, et le plus onéreux pour la masse entière de la nation, qu'on oblige d'acheter à très-haut prix dans son marché intérieur ce qui pourrait être acheté à infiniment meilleur compte dans les marchés étrangers.

Les droits trop élevés et les prohibitions mettant les ouvriers et toutes les autres classes de citoyens dans la nécessité de payer plus cher qu'auparavant certaines marchandises, sont en grande partie la cause du renchérissement énorme qu'ont éprouvé depuis quelques années, en France, les prix de presque tous les objets les plus indispensables d'entretien et de consommation.

Et comme le Gouvernement est le plus fort consommateur de l'Empire, en raison des approvisionnemens immenses qu'il est obligé de faire pour l'armement, équipement, habillement, etc. des troupes, etc. etc. il en résulte que si, d'une part, la recette des douanes augmente ses revenus, de l'autre, le renchérissement de prix survenu sur tous ces objets, augmente la dépense dans une proportion qui lui est toujours infiniment désavantageuse.

Le but de cet Ouvrage est de démontrer le préjudice qu'apporte à la nation entière et aux vrais intérêts du Gouvernement le systême actuel de nos douanes.

L'exemple des nations qui, sans prohibitions d'importation et sans droits d'entrée autres que des perceptions infiniment modiques, ont su, comme la Suisse, amener les progrès de leur industrie manu-

facturière au point de ne pas craindre , même au dehors , la concurrence étrangère, est du moins une
preuve qu'on peut arriver aux mêmes résultats par
des moyens totalement opposés à ceux admis parmi
nous.

L'usage de ces droits trop élevés et la direction
forcée qu'on a donné à certaines branches de notre
industrie manufacturière ayant lieu depuis plusieurs
années , doivent nécessairement absorber une partie
de nos capitaux et tenir occupés un certain nombre
d'ouvriers à des travaux, dont l'interruption momen-
tanée pourrait faire éprouver une perte plus ou
moins grande à ces diverses branches d'industrie, si
le système de la liberté commerciale succédait trop
subitement à celui des droits élevés et des prohibitions qui a lieu en ce moment.

Mais tout comme le Gouvernement a substitué à
l'impôt mobilier de Paris des droits de consommation
qui seront plus productifs pour l'État, en même-
tems qu'ils pourront être perçus d'une manière plus
égale et presque imperceptible pour les contri-
buables, de même il serait possible de remplacer les
diminutions de certains droits actuels des douanes,
par des impositions d'un autre genre plus productif
en réalité pour le Gouvernement et plus convenable
pour les imposés.

Quant aux prohibitions , la tentative la plus facile
et la plus heureuse à faire à cet égard serait de rendre
à quelques-uns de nos ports les franchises qui leur
avaient été accordées sous le ministère de Colbert ,

et qui depuis leur suppression n'ont jamais cessé d'être redemandées par les préfets, les conseils généraux, et le commerce de ces ports.

J'ai observé dans le cours de cet Ouvrage, qu'en établissant à la somme modique de 4 francs par individu l'excédent de dépense occasionné par le renchérissement des objets d'entretien ou de consommation en l'an 9 et l'an 10, l'accroissement de 17 millions survenu dans la recette des douanes avait donné lieu à un excédent de dépense pour la nation, composée de 33 millions d'habitans, d'une somme, qui, fût-elle moindre que ce que je l'ai évaluée, serait toujours énorme.

Tout moyen qui tendrait à diminuer la somme de cet excédent de dépense, occasionné en très-grande partie par nos réglemens commerciaux actuels, ne pourrait qu'être infiniment avantageux à l'État ; et si la nécessité d'avoir chez nous des fabricans qui ne peuvent nous fournir les produits de leurs fabriques qu'à un quart ou un tiers en sus du prix auquel nous pourrions les obtenir ailleurs, était jugée indispensable, sans qu'il y eût d'autre moyen de maintenir ces fabriques que par un monopole aussi ruineux que celui qui a lieu, ne vaudrait-il pas mieux, en dernière analyse, laisser aux consommateurs, c'est-à-dire, à la nation entière, la liberté de se pourvoir de ces objets, là où ils trouveraient à les acheter à plus bas prix, sauf à établir une taxe individuelle, ne fût-elle que de dix à quinze sols par individu, l'un dans l'autre, pour la répartir entre le Gouverne-

A 3

ment, à titre d'impôt, et entre les fabricans, à titre de secours, puisqu'il est indispensable d'avoir des fabricans qui ne peuvent pas soutenir en France une concurrence étrangère, sans travailler à perte? Le Gouvernement y gagnerait toujours la suppression d'une partie de l'armée nombreuse des douanes qu'il faut aujourd'hui avoir sur pied, et la nation entière, les bénéfices énormes que les prohibitions et les droits d'entrée assurent aux contrebandiers (1).

Je dois ici aller au-devant des interprétations qu'une malveillance trop officieuse pourrait donner à l'opinion que j'émets contre le monopole accordé à une classe particulière de citoyens (les fabricans), au préjudice de la nation entière (les consommateurs). Je suis bien éloigné de méconnaître qu'il est du véritable intérêt de l'État d'accorder des encouragemens à toutes les branches de l'industrie nationale

---

(1) L'introduction en fraude de ces produits étrangers peut bien être contestée; mais comment la nier, tant que les personnes qui ne sont pas connues pour être ou des espions de police, ou des partisans du système des dénonciations, trouveront toujours chez la plupart de nos marchands des marchandises de fabriques étrangères. Il en est des marchandises prohibées, comme il en était autrefois des livres condamnés par arrêt de parlement : l'arrêt n'empêchait pas que les libraires n'en eussent toujours quelques exemplaires en réserve pour leurs connaissances; l'ouvrage ne manquait pas, mais seulement il se vendait plus chèrement, parce que le libraire augmentait ses profits en raison du risque présumé, de l'amende ou de la saisie.

qui sont susceptibles de devenir florissantes en France; mais il faut que ces encouragemens soient fondés sur des moyens efficaces; il faut surtout que le bien qu'on peut en attendre, au lieu d'être payé d'une manière extrêmement coûteuse par la nation entière, contribue au contraire à augmenter et perfectionner les produits de l'industrie , et à diminuer les dépenses de la consommation.

En l'état actuel, la certitude du privilége exclusif accordé à certains fabricans pour la consommation intérieure, donne lieu à des établissemens de fabrication qui souvent sont faits sans connaissances ou sans moyens suffisans, ou qui, par leur situation mal appréciée, semblent destinés à lutter d'une manière constamment défavorable contre des établissemens du même genre, qui jouissent déjà d'un succès décidé, et qui sont situés sur le territoire étranger et à peu de distance de nos frontières.

En parcourant les divers états de statistique qui ont été publiés jusqu'à ce jour, on se convaincra aisément de ce que j'avance à cet égard : il n'y a pas de monopole, quelqu'avantageux qu'il pût être , qui fût suffisant pour faire prospérer des établissemens de ce genre, faits en dépit de toutes les convenances commerciales possibles.

Des encouragemens particuliers peuvent être offerts à l'industrie, qui mérite réellement d'être favorisée, et au moyen de quelques droits modérés sur l'importation des produits étrangers de la même nature, ces encouragemens pourraient avoir le résultat doublement avantageux de se concilier avec la liberté du commerce, seul moyen de faire cesser le renchérissement des prix actuels, et de fournir à ceux de nos établissemens manufacturiers qui en seraient trouvés susceptibles, des moyens plus certains de perfectionner leurs produits et d'en augmenter par-là le débouché intérieur et extérieur.

Un simple prêt de fonds fait à certains fabricans, à la charge par eux d'en payer un modique intérêt, obtiendrait plus sûrement ce but et ne pourrait jamais compromettre les intérêts du Gouvernement, car tout fabricant, qui, au lieu de compter sur les effets généraux du monopole, établirait ses calculs sur la certitude présumée de ses succès, parviendrait aisément, si même cela était jugé nécessaire, à fournir au Gouvernement un cautionnement de la somme qui lui serait avancée, et dont le remboursement devrait toujours être fait à des époques plus ou moins éloignées.

Eh! quel élan ne donnerait pas à l'industrie une disposition qui assurerait en France aux ouvriers, fabricans, etc. du monde entier, les moyens qui leur manquent souvent d'utiliser des connaissances plus ou moins rares, plus ou moins précieuses : ainsi, toutes les fois qu'un homme habile, dans un genre d'industrie quelconque, présenterait un plan bien motivé et ferait preuve de connaissances positives; toutes les fois qu'il prouverait la possibilité d'introduire en France des procédés nouveaux plus perfectionnés ou plus économiques, au moyen des secours momentanés qu'il trouverait dans les avances du Gouvernement, un tel homme, en acquérant la possibilité de faire fructifier ses travaux, contribuerait plus qu'aucun autre moyen à donner à l'industrie française la direction la plus avantageuse et la plus assurée ;

Ainsi, tandis que le monopole actuel n'est qu'une ressource insuffisante pour nos fabricans, qui, par le renchérissement des prix qu'il occasionne, ruine les consommateurs nationaux, pour enrichir des contrebandiers étrangers ;

Les encouragemens particuliers de la nature de ceux que je propose, faciles à se concilier avec la liberté de commerce, seul moyen de faire cesser l'excédent des dépenses occasionnées par le système actuel des douanes, verraient à-la-fois l'industrie se perfectionner et la nation entière, qui doit à son chef tant de motifs de gloire, s'élever au plus haut degré de prospérité publique auquel elle peut atteindre.

La paix générale n'a pas même rendu au commerce l'activité qu'on en attendait, et rien ne prouve d'une manière plus affligeante l'excès de misère auquel a donné lieu la stagnation des affaires pendant l'an 11, que les rapports présentés au conseil-général des hospices, publiés dans tous les journaux.

Il en résulte que cent trente mille individus sont secourus chaque jour par l'administration des secours publics à Paris, et que sur ce nombre, cent onze mille six cents le sont à leur domicile; que de plus, dix mille pétitions ont été adressées récemment à l'administration des hospices, qui, ne pouvant faire droit à toutes, a décidé qu'elle commencerait par recevoir les individus les plus âgés.

Je m'abstiens de toute réflexion à ce sujet.

RÉFLEXIONS

SUR

LE COMMERCE

DE FRANCE.

TRENTE millions d'habitans actifs et industrieux, et un territoire aussi fertile que celui de la France, peuvent fournir au commerce des moyens de prospérité, d'autant moins connus, qu'ils ont été souvent contrariés, malgré l'intention bien prononcée du Gouvernement et malgré les encouragemens particuliers du Premier Consul.

La stagnation actuelle du commerce, le discrédit général qu'il éprouve, les faillites qui ont lieu journellement et qui se succèdent d'une manière alarmante, annoncent l'existence du mal.

Essayons d'en rechercher les causes.

La majeure partie des observations que je vais présenter porte sur un système qui ne saurait être

trop médité, puisqu'il exerce l'influence la plus
forte sur la prospérité de l'État; et lorsque la politique de l'Europe paraît être essentiellement dirigée
vers le commerce, rien de ce qui doit contribuer à
ses succès ne peut être indifférent au Gouvernement.

Quelques observations:

Sur le crédit public,

Sur le tarif actuel des douanes,

Sur ses rapports avec le commerce en général,

Sur l'état de nos manufactures,

Sur les causes qui s'opposent à leurs progrès,

Sur le traité de commerce fait avec l'Angleterre
en 1786,

Sur les franchises des ports et l'influence qu'elles
exercent relativement à notre commerce extérieur et
intérieur:

Tels sont les objets importans sur lesquels je vais
hasarder quelques vues.

J'indiquerai en même-tems:

Les moyens qui me paraissent propres à faire cesser, ou du moins à affaiblir les obstacles qui s'opposent depuis long-tems aux intentions du Gouvernement; au zèle louable de l'administration des
douanes, que je suis bien éloigné de méconnaître, et
à la prospérité du commerce de France, à laquelle
je serais trop heureux d'avoir pu contribuer.

§. Ier. *Du crédit public, du tarif actuel des douanes
et de son action sur le commerce en général.*

L'absence du crédit public, qui maintient quel-

ques--uns des effets du Gouvernement (1) à une
perte de moitié de leur valeur, et les intérêts de
l'argent à un taux si élevé ;

Les routes longues et tortueuses à suivre pour
parvenir à faire liquider des créances qui ont déjà
éprouvé des réductions énormes d'après les lois de
la mobilisation, etc. etc. ;

Les décisions administratives, qui enlèvent aux
tribunaux ordinaires le droit de condamner des débiteurs qui veulent traiter leurs créanciers comme
ils sont eux-mêmes traités par le Gouvernement :

Sont autant de causes qui, par l'influence qu'elles
exercent sur le commerce, concourrent sans doute à
arrêter ses efforts ;

Mais ces causes tiennent à l'ordre administratif ou
au régime des finances ; les indiquer doit suffire, et
je me bornerai à ce qui est plus essentiellement lié
aux abus et aux vices de notre système commercial
actuel.

Établissons d'abord quelques principes.

Le commerce est l'échange des denrées territoriales ou des produits de l'industrie d'un peuple,
contre les denrées ou les produits industriels d'autres
peuples étrangers.

Le Gouvernement, que je considère comme la
réunion des intérêts de la généralité de l'État, a dû
prévoir que les citoyens dont la profession consiste à

---

(1) Les cinq pour cent consolidés sont depuis long-tems
à 52, 53 francs.

servir d'intermédiaire à ces échanges, donneraient la préférence à ceux qui leur offriraient de plus grands avantages, sans égard pour le préjudice public qui pourrait en résulter. Dès-lors, il a dû établir des lois qui eussent pour objet de subordonner l'intérêt particulier aux avantages de l'intérêt général.

Ce motif a donné lieu à l'établissement des douanes, qui doivent avoir le double but de fournir des revenus à l'État, et de favoriser en même-tems le commerce national, au préjudice du commerce étranger.

La quotité de l'impôt doit toujours être relative aux droits existans dans les pays limitrophes, et au plus ou moins de facilités qui proviennent des localités pour l'introduction de la contrebande.

Sa progression a un point fixe qu'on ne peut jamais dépasser sans danger; c'est celui où l'impôt fait pencher la balance en faveur du commerce étranger, au préjudice de l'industrie et du commerce national. Alors l'État reçoit moins que ce que perd l'industrie.

A moins de n'être favorisé par une localité isolée ou facile à garder, le moyen le plus sûr d'empêcher la contrebande, c'est d'établir des droits d'entrée qui ne soient pas beaucoup plus élevés que les primes d'assurance ordinaires exigées par les contrebandiers.

La division de l'impôt des douanes en droits d'entrée et droits de consommation, facilite les moyens d'augmenter les revenus de l'État , sans nuire à l'industrie manufacturière.

On ne nuit jamais à l'industrie manufacturière, en remboursant à l'exportation des objets manufacturés, la totalité ou la presque totalité des droits d'entrée et de consommation perçus sur les matières premières qui ont donné lieu à ces produits industriels.

Que si , relativement à la progression de l'impôt, on cite l'exemple des États-Unis d'Amérique, il sera facile de reconnaître que les revenus des douanes qui y forment la branche essentielle de l'impôt (parce qu'un pays dont la plus grande partie des terres est à défricher, n'est susceptible d'aucun impôt foncier), n'ont pu être portés successivement d'un à douze millions de dollars, que parce que les États-Unis d'Amérique, situés sur un continent isolé et à une grande distance de l'Europe, ne sont limitrophes d'aucune nation qui soit à portée ou qui ait la possibilité d'y faire une contrebande facile et avantageuse.

La France, au contraire, est entourée de peuples actifs et industrieux, qui, soit directement, soit indirectement, peuvent facilement communiquer journellement avec elle par un grand nombre de points plus ou moins difficiles à surveiller.

Si la régie des douanes s'oppose au rétablissement des ports francs, parce que la filtration de fraude qu'entretiennent des communications de tous les instans entre un port affranchi et son territoire limitrophe soumis au régime des douanes, ne permet pas d'empêcher une grande contrebande n'ait lieu, comment méconnaître par suite qu'il doit lui être plus impossible encore, malgré les quatre lieues frontières à traverser pour assurer l'impunité de la fraude, d'empêcher la filtration de fraude journalière qu'entretiennent des communications également faciles et de tous les instans qui peuvent avoir lieu sur la presque totalité de la France, par tous les pays qui lui sont limitrophes; et que plus les droits d'entrée seront élevés et hors de proportion avec ceux perçus dans les États voisins, plus les contrebandiers seront provoqués par l'appas d'un bénéfice qui excitera d'avantage leur activité?

Aussi jusqu'à quel point n'a-t-il pas fallu porter successivement la rigueur des lois qui ont pour objet la répression de la contrebande.

Sous le régime de la ferme générale, on gémissait souvent de ce que l'intérêt de quelques particuliers avait pu faire autoriser une institution pareille à celle des commissions de Valence, de Rheims et de Caën.

Mais ces commissions prononçaient rarement la peine de mort; le plus souvent même, le coupable était puni, moins parce qu'il avait été contrebandier, que parce qu'on reconnaissait en lui un homme dangereux à la société. Les tribunaux spéciaux ont bien d'autres attributions aujourd'hui, puisqu'ils peuvent atteindre jusqu'aux fauteurs et assureurs de la contrebande, qui sont punis de mort, si leurs agens ou leurs associés l'ont faite à main armée : encore ces

moyens

moyens terribles sont-ils souvent insuffisans ; ce qui s'est passé en dernier lieu à Marseille en est la preuve.

Les tribunaux feront fusiller les contrebandiers, m'objectera-t-on ; mais il faudra multiplier la punition pour les effrayer par des exemples successifs : et combien ne devra-t-il pas être pénible pour le chef de l'État, qui a su comprimer toutes les factions et rendre la tranquillité et le bonheur à la France , de voir périr des milliers d'hommes, parce que la loi applique à la conservation de quelques misérables droits, la peine capitale, dont elle atteint à juste titre le scélérat coupable des plus grands crimes (1) ! Cette loi terrible occasionnera de plus grands malheurs encore : les contrebandiers, certains du supplice, n'entreront qu'en force, se défendront en désespérés ; et, pour soutenir l'effet d'un système vicieux, plusieurs familles auront à gémir sur la

---

(1) « L'espoir d'échapper par les fraudes et les contrebandes, à ces sortes d'impôts, donnent fréquemment lieu à des confiscations, à des amendes et à d'autres peines qui ruinent totalement le délinquant, homme sans contredit extrêmement blâmable d'enfreindre les lois de son pays, mais qui néanmoins se trouve être fort souvent une personne incapable de violer celles de la justice naturelle, et née pour faire à tous égards un excellent citoyen, si les lois de son pays ne se fussent pas avisées de rendre criminelles des actions qui n'ont jamais reçu de la nature un tel caractère.

» AD. SMITH, *Recherches sur la nature et les causes de la richesse des Nations* ».

B

la perte des préposés des douanes qui auront été tués dans ces combats meurtriers.

De tels résultats seront bien plus affligeans encore, lorsqu'après avoir médité le systême actuel des douanes, on reconnaîtra que sous plus d'un rapport il contrarie les efforts du commerce et s'oppose surtout aux progrès et à l'accroissement de plusieurs branches de notre industrie manufacturière.

Citons-en des preuves :

Le tabac en feuille d'Amérique, dont la valeur en France, de 1787 à 1790, était de 24 à 30 livres le quintal, paie aujourd'hui 53 francs de droits (1).

SAVOIR :

Pour droits d'entrée, ... 33 fr.
Pour droits de fabrication, ... 20
TOTAL. . . . . . 53 fr.

En Hollande, il n'est assujetti qu'à un droit de deux pour cent de la valeur, qui équivaut à environ 68 centimes.

Supposons deux fabricans de tabacs séparés par le Rhin ou par toute autre ligne de démarcation servant de frontière limitrophe. Le fabricant établi sur la rive française, paye de droit, par quintal, . . 53 fr.

Sur quoi, à la sortie pour l'étranger des tabacs

(1) J'ai déjà eu occasion d'observer dans mon Mémoire sur le tabac, présenté au Gouvernement, à la fin de l'an 10, que lorsque le droit de 33 francs fut établi, le tabac en feuilles valait de 200 à 240 francs le quintal.

fabriqués par lui, on ne lui fait aucune remise du droit qu'il a payé à l'entrée des feuilles, mais seulement celle des deux tiers du droit de fabrication, qui est de 20 francs ; les deux tiers à déduire ; ci, ... 13 fr. 32 c.

Le fabricant français reste chargé d'un droit de, ... 39 fr.   68 c.

Plus, pour droits de balance, à la sortie , ...   5o c.

                                          4o fr.   18 c.

Tandis que le fabricant hollandais n'a eu à payer que . . . .   68 c.

                                          39 fr.   5o c.

Le fabricant français, toutes choses égales d'ailleurs, doit donc vendre ses tabacs 39 fr. 5o cent. de plus que le fabricant hollandais, pour y gagner autant que ce dernier.

Est-ce là favoriser le débouché de nos fabriques dans l'étranger ?

D'autre part, le spéculateur américain ou autre qui voudrait envoyer ses tabacs en France, sachant qu'il devra y payer un droit d'entrée de 33 fr. par quintal, ou en fournir le cautionnement, si à leur arrivée il veut les faire mettre en entrepôt, aura bientôt calculé qu'un chargement de cent last de mer ou 4,000 tonneaux marc est assujetti au paiement ou au cautionnement en France, d'une somme de 132,000 francs, et il préférera envoyer sa cargaison en Hollande, où il n'aura à payer qu'un droit de deux pour cent de la valeur qui ne fera qu'un déboursé d'environ 2,500 francs.

Est - ce là favoriser le commerce de nos ports, et notre industrie ?

Qui ne voit, au contraire, que le négociant français perd la commission qu'il aurait gagnée sur la vente de ce chargement qui lui aurait été consigné, les bénéfices qu'il aurait faits sur la consommation d'un équipage étranger ; et sur les chargemens de produits industriels ou de denrées que l'Américain aurait pris en retour de la valeur de ses tabacs importés en France, ce qui eût donné un débouché de plus à nos fabriques ou à notre agriculture.

De plus, si le fabricant français, d'après les droits de 53 fr. existans en France, qu'il faut ajouter à la valeur réelle du tabac, paie les feuilles qu'il achète 103 fr. le quintal, le fabricant hollandais qui n'est assujetti qu'à 60 cent. environ de droits, ne les paiera chez lui, toutes choses égales, que 50 fr. 60 centimes.

Il faudra donc au fabricant français une mise de fonds double, pour acheter la même quantité de tabac.

Est - ce là favoriser l'industrie manufacturière en France, dans un moment surtout où l'argent y est rare, et à des intérêts aussi élevés ?

Mais il y a plus encore : le fabricant hollandais qui sait que les tabacs fabriqués doivent avoir en France une valeur relative aux droits auxquels ils sont assujettis, fera entrer les siens en contrebande,

ainsi que tous les préfets des départemens voisins de
la Hollande l'ont déjà dénoncé par leur statistique
de l'an 9 ; et il en résultera que les fabricans français soutiendront très-difficilement une concurrence
pareille.

N'est-ce pas là favoriser l'industrie étrangère au
détriment de la nôtre ?

Qu'on induise en erreur un administrateur respec-
table et éclairé à qui l'on tentera de persuader que
le droit établi sur les tabacs en feuilles venant de
l'étranger, a l'avantage de forcer les fabricans français à perfectionner leur fabrication, et à faire un
plus grand emploi de nos feuilles indigènes ; cela est
d'autant plus aisé, qu'au fait l'homme d'état ne peut
pas toujours connaître les détails de fabrication qui
pourraient seuls l'éclairer sur ce point.

Il suffit d'observer, pour démontrer la fausseté d'une
pareille allégation, que les Hollandais recueillent
aussi des quantités considérables de tabacs ; qu'ils
auraient le même intérêt d'en favoriser la culture
par le même moyen, et que cependant les tabacs
en feuilles venant de l'étranger, ne sont assujettis
chez eux qu'au droit de deux pour cent de la
valeur, parce qu'il est bien reconnu que les feuilles
indigènes, tant françaises que hollandaises, ne peuvent être employées qu'en petite quantité, si on
veut fabriquer un tabac de qualité supérieure, et
tel qu'il le faut pour le débouché de l'étranger ou
de la plus grande partie de notre consommation
intérieure.

B 3

Les sucres tête et terrés venant de nos Colonies ,
paient en droits d'entrée. . . . . .   2 fr.   75 cent.
en droits de consommation. . ﹐.   22   75

                               25 fr.   50 cent.

Les sucres bruts sont de même assujettis à 15 fr.
de droits par quintal.

S A V O I R :

Pour droits d'entrée.   1   fr.   50 cent.
Pour droits de consommation   13   50

                               15 fr.

(*Arrêté du 5 thermidor an* 10).

Les sucres raffinés en France n'obtiennent à leur
sortie pour l'étranger qu'une prime de 25 francs par
quintal.

Il faut pour faire 100 liv. de sucre raffiné en pains
de qualité ordinaire, 155 liv. de sucre terré, ou 260
liv. de sucre brut.

155 liv. de sucre terré ont acquitté 39 fr. 50 cent.
de droits d'entrée ou de consommation, à raison
de 25 fr. 50 cent. par quintal.

260 liv. de sucre brut ont acquitté 39 fr. de droits,
à raison de 15 fr. par quintal.

Or , il est clair que puisque le raffineur français
n'obtient à la sortie de 100 liv. de sucre raffiné par lui
que 25 fr. de remboursement , tandis qu'il a payé 39
fr. 50 cent. , sur la matière première qui a donné
lieu à cette fabrication , il reste grevé de 14 fr. 50
cent. par quintal sur le sucre qu'il a raffiné , ce qui

ne lui permet point de soutenir au – dehors la concurrence de l'étranger?

Mais de plus: dans le moment présent, la guerre em-
pêchant l'importation directe des sucres et des cafés
de nos Colonies , ces articles qu'il faut bien tirer de
l'étranger pour pourvoir aux besoins de la consommation intérieure , sont assujettis à un excédent de
droit de moitié , ce qui augmente le préjudice occasionné à nos raffineurs , et rend ces denrées beaucoup
plus chères pour les consommateurs , sans qu'il
puisse en résulter d'autre avantage que le bénéfice
plus considérable du contrebandier.

D'autres causes concourrent également à produire
des résultats aussi défavorables à notre commerce
intérieur ?

Sans caractère public qui me mette à même de recevoir ou de provoquer des renseignemens utiles à
ce sujet, je ne peux exposer que celles qui sont les
plus évidentes, et il en existe beaucoup à coup-sûr
qui sont hors de ma portée, ou dont aucune circonstance particulière ne m'a encore donné connaissance; mais le mal est en quelque sorte si général
dans ce genre, que je n'aurai pas de peine à en re-
trouver d'autres traces.

On a cherché, par exemple, à encourager le rétablissement des filatures de coton en France.

Mais les encouragemens à accorder à ces établissemens doivent-ils avoir lieu exclusivement au préjudice des fabriques, qui en sont la conséquence la
plus avantageuse ?

Par mon *Mémoire Historique et Politique sur le Commerce de l'Inde*, j'ai cherché à fixer l'attention du Gouvernement sur la fabrication des mousselines : pourquoi ne ferions-nous pas ce que les Suisses sont déjà parvenus à faire avec tant de succès, quoiqu'ils n'aient pas encore atteint la perfection des ouvrages anglais de ce genre ? Les mousselines de Cambridge et celles de Suisse sont d'un usage presque général en France.

On objecte que la main-d'œuvre est moins chère en Suisse ; cela peut-être, quoiqu'il y ait encore beaucoup d'endroits en France où on pourrait l'obtenir au moins au même prix ; mais, à coup-sûr, la main-d'œuvre est bien plus chère en Angleterre que chez nous.

Nous avions à Tarare quelques fabriques de mousselines. Les encouragemens à accorder aux filatures françaises qui ne filent de préférence, ou avec plus d'avantage, que des cotons d'un numéro trop bas pour cette fabrication, ont fait défendre l'entrée des cotons filés étrangers qui étaient autrefois admis, moyennant des droits assez élevés, et les fabriques de Tarare n'ont plus pu se soutenir, faute de moyens de pouvoir se procurer les matières premières qui leur étaient indispensables : cependant ces fabriques n'auraient employé que des cotons des numéros 50 et au-dessus, qu'on ne file pas encore généralement en France, soit qu'on n'y trouve pas le même avantage, soit que le débouché n'en soit pas aussi assuré.

L'ex-préfet de Lyon, le citoyen Verninac, avait proposé au Gouvernement, par son rapport statistique de l'an 9, un moyen de favoriser les fabricans de mousselines, sans nuire à nos établissemens de filature; c'était d'admettre à l'entrée les cotons filés au-dessus du n°. 50, moyennant le paiement des anciens droits. Il conviendrait donc, il me semble, ou de hâter par des encouragemens efficaces la perfection de nos filatures, afin de les mettre en état de filer avec plus d'économie ou de bénéfice des cotons des numéros 50 et au-dessus, ou d'autoriser nos fabricans de mousselines à se pourvoir dans l'étranger, de ces cotons filés, qui sont indispensables à leur fabrication (1).

---

(1) « Il y avait en 1789, à Tarare ou dans les environs, » six cents métiers battans qui fabriquaient par an dix mille » pièces de mousselines.

» Il n'y a plus que trois cents métiers en activité. Le » droit de 30 pour cent perçu sur les cotons filés venant de » l'étranger, autres que ceux du Levant, fut porté en 1789 » à 45 francs. Depuis, la prohibition des cotons filés de » Suisse, s'est trouvée liée à celle des marchandises an- » glaises.

» C'est à ces deux causes que se rattache la décadence des » fabriques de Tarare.

(*Statistique du département du Rhône, an* 11). »

L'arrêté du 6 brumaire, qui paraît pendant l'impression de cette note, change les dispositions citées ci-dessus.

Les cotons en laine sont désormais assujettis au paiement de 50 centimes par cinq myriagrammes, à l'entrée et à la sortie. Les cotons filés, d'origine non prohibée, au droit de

D'autres branches d'industrie par contre, éprou-
vent un grand dommage par la prohibition de sortie,

---

4 francs par kilogramme jusqu'au n°. 30; de 4 fr. 50 cent.
du n°. 30 au n°. 60 ; de 5 francs du n°. 50 à 100, et 6 fr.
pour ceux au-dessus de ce n°. indéfiniment.

Les toiles de fil et coton, les toiles de coton et mousselines, d'origine non-prohibée, doivent payer à l'entrée,
en raison combinée du poids et de la longueur; savoir, par
mètre carré, autant de fois 5 centimes qu'il y aura de
mètres carrés au kilogramme.

Les toiles peintes ou teintes en une seule couleur, paieront en outre 50 centimes par mètre carré, et un franc, si
elles sont peintes ou teintes en plusieurs couleurs.

Ainsi, relativement aux cotons filés, les douanes éta-
blissent un droit moindre sur les qualités communes, que
nos filatures sont déjà parvenues à filer avec une certaine
supériorité, et un droit beaucoup plus élevé sur les qualités plus fines qui nous manquent et qui sont indispensables à la fabrication des mousselines, basins, etc. qu'on
pourrait faire en France.

Relativement aux toiles de fil et coton, toiles de coton
et mousselines, le nouveau mode de perception a déjà
donné lieu à quelques réclamations, dont la cause paraît
assez naturelle. Des toiles de coton très-légères et très-
claires ont été présentées aux douanes; et, en raison du
nouveau tarif, ont dû être assujetties à un droit revenant à
25 sols par aune sur ces toiles, dont la valeur n'était que de
40 sols.

Les droits perçus à l'entrée, pour l'impression, doivent
être restitués lorsque ces toiles sortiront de France après
avoir été imprimées : cette restitution de droits était inévi-
table pour laisser à nos fabricans la possibilité de travailler
pour l'étranger; mais cette faveur sera toujours insuffisante,

qui leur enlève la faculté de concourir aux débouchés
de l'étranger.

Les amidons préparés en France, sont les meilleurs connus dans le commerce, et ceux que l'étran-

---

tant qu'on n'accordera pas un délai d'un an pour le paiement
des droits d'entrée. Sans ce délai , les fabricans seront dans
la nécessité de faire l'avance du droit ; ce qui aura le double
inconvénient de rendre indispensable à leurs opérations
un capital beaucoup plus considérable, et de diminuer leur
bénéfice de ce qu'ils auront à payer d'intérêts pour l'avance
de la valeur des droits : dès-lors ils seront en position défavorable pour entrer en concurrence avec les fabricans
étrangers, tels que ceux de la Suisse , etc.

D'ailleurs , pour que la restitution du droit ne devienne
pas abusive, il faudrait en outre trouver un moyen d'éviter
qu'elle n'eût lieu sur les parties de mousselines ou toiles de
coton introduites en France, en contrebande ; car, sans
cela, le fabricant qui aura fraudé les droits à l'entrée
d'une partie de ces toiles, obtiendra un remboursement qui
lui assurera un bénéfice , tandis que la restitution faite au
fabricant [qui aura exécuté la loi loyalement, laissera toujours ce fabricant en perte des intérêts de l'avance du droit
et du plus ou moins de gêne que cette avance aura apportée
à ses opérations par l'emploi d'un capital plus considérable.

Quant au consommateur français, il restera dans tous les
cas chargé d'un droit énorme qui augmentera d'une manière d'autant plus affligeante l'excédent de dépense qui lui
est occasionné par le régime actuel des douanes , que ce
nouveau droit portera en grande partie sur toutes les
classes d'ouvrières et d'autres personnes peu fortunées pour
lesquelles les toiles peintes forment l'habillement le plus dé-
cent, le plus durable et le plus économique.

ger rechercherait le plus. La sortie en est défendue, tandis que celle des vermicelles est permise.

Cependant, le vermicelle se fait avec du froment, et ne vaut en général que 35 francs le cent.

L'amidon se fait le plus souvent avec de l'orge et se vend ordinairement 5o francs (1).

D'autres fois, au contraire, les droits mis à l'entrée des matières préparées ou fabriquées dans l'étranger sont si modiques, qu'ils n'égalent presque pas les charges auxquelles sont assujetties en France les établissemens du même genre qui pourraient nous affranchir de ce tribut payé à une industrie étrangère.

M. Jean-Baptiste Morgan, d'Amiens, fonda, il y a 13o ans, les premiers moulins à bois de teinture qui aient existé en France. Cette branche de commerce a prospéré ; elle a été pour le commerce national une conquête sur celui des Hollandais, qui avaient jusques-là fourni à notre consommation en ce genre.

Ces fabricans ont cependant une concurrence désavantageuse à soutenir, sur-tout par rapport au midi de la France, qui est encore tributaire de l'étranger.

Le mal vient de ce que le droit de *un franc* par myriagramme à l'entrée des bois moulus étrangers ne

---

(1) Il n'est ici question que de l'amidon. Mais la poudre à poudrer, dont la sortie est également prohibée, présente bien d'autres avantages de manipulation, puisqu'il en est qui, par les parfums ou les corps de poudre qui y sont ajoutés, se vend jusques à 2o et 24 francs la livre.

compense pas les charges de contribution foncière, droit fixe et additionnel de patente, droits de barrières, que les usines à proximité des villes acquittent deux fois, tandis que le fabricant hollandais joint à la plus grande économie sur ces objets, l'avantage de débarquer et embarquer à la porte de ses magasins, et celui d'un moindre intérêt sur les capitaux qu'il emploie.

Ce dernier point est d'autant plus essentiel, que nos usines de ce genre, par suite des malheurs des tems et de l'inactivité des affaires, ont exigé une reconstruction presque complète, et par conséquent une mise considérable pour subvenir à des réparations indispensables.

Il arrive aussi que des matières premières que nous ne recueillons pas en assez grande quantité pour fournir aux besoins de nos fabriques, à qui elles sont indispensables, sont assujetties à des droits d'entrée dont l'agriculture peut se passer, et qui nuisent à notre industrie manufacturière : tels sont les droits sur les huiles, sur les soies, etc. etc.

D'autres fois encore, la défense d'importer certaines boissons, telles que les eaux-de-vie de grain, etc. repousse les approvisionnemens que l'étranger pourrait faire à très-bas prix aux consommateurs de nos départemens septentrionaux, sans qu'il en résulte aucun avantage pour nos eaux-de-vie de vin. La raison en est que la distance éloignée de ces départemens à nos pays vignobles, et la cherté des transports, donnent lieu à des renchérissemens de prix qui ne permettent pas à la majeure partie de ces consommateurs de faire usage de celles de ces liqueurs que nous recueillons.

Je terminerai cet article par la citation d'un fait qui prouvera qu'il est des occasions où le système trop général des prohibitions peut exercer une influence fâcheuse, non-seulement sur le commerce, mais même envers le Gouvernement.

A la dernière paix, nous manquions de navires marchands. Le peu qui restait ayant séjourné pendant dix à douze années dans nos ports, était presque pourri ou avait besoin de réparations considérables.

Les Américains et quelques autres puissances avaient une marine militaire qui leur devenait inutile et qu'ils cherchaient à vendre, afin de donner un débouché nouveau aux bois et autres matières de construction très-abondantes sur leur sol.

Cette circonstance où nous pouvions avoir à l'instant, et à une différence de prix énorme, des vaisseaux dont nous avions le plus grand et le plus pressant besoin, devait être considérée sous des rapports bien différens de celle où une longue suite d'années de paix eût dû nous faire une loi de favoriser notre main-d'œuvre et nos produits par nos armemens nationaux.

L'administration des douanes n'a pas voulu voir cette différence; elle a prohibé les achats de navires étrangers?

Qu'en est-il résulté?

Les grands besoins ont fait monter les journées de calefats jusqu'au prix excessif de 8 à 9 francs dans quelques-uns de nos ports; tout s'en est suivi, et cette cherté de main-d'œuvre, en occasionnant des frais beaucoup plus considérables, n'a permis qu'un armement à celui qui aurait eu la possibilité d'en faire plusieurs.

De plus, il a fallu recourir aux étrangers, parce que nous n'avions pas même les moyens suffisans de faire nos transports d'un port à un autre, et le frêt a été à un prix double des tems de paix ordinaires.

Ainsi les armemens ont été excessivement coûteux pour les négocians, et les transports extrêmement onéreux pour les consommateurs.

Voilà quant aux effets commerciaux :

Mais comment méconnaître aujourd'hui que les frégates, vaisseaux de guerre et autres que le commerce eût pu acheter des Américains ou des Danois, etc. s'il en eût eu la possibilité, seraient infiniment utiles au Gouvernement, soit comme moyens de transport, soit aussi comme bâtimens propres à être réarmés en guerre, et favoriseraient infiniment la descente qu'il a le projet de faire en Angleterre ?

Tel est cependant l'effet d'un système de prohibition exclusif.

Les faits que je viens de citer prouvent l'incohérence du tarif actuel de nos droits d'entrée et de sortie, et le préjudice que, sous plusieurs rapports,

ces droits trop élevés et des prohibitions mal-enten-
dues occasionnent à notre commerce.

Serait-il donc impossible d'apporter à ce système
des modifications qui pussent concilier les véritables
intérêts de l'État et les mesures indispensables que le
Gouvernement doit maintenir pour favoriser nos
relations commerciales?

Une pareille réforme aurait les effets les plus heureux, mais elle exigerait un examen impartial et
approfondi du tarif actuel des douanes et de ses effets,
tant sur le commerce de nos ports que sur celui de
nos manufactures.

L'expérience nous a démontré que le système si
séduisant des économistes qui cherchaient à tout
affranchir aux dépens du *produit net*, était insuffi-
sant dans ses résultats, et presque toujours injuste et
vexatoire dans ses effets. Évitons aujourd'hui que
l'exemple des Anglais nous égare; et pour cela ne
perdons pas de vue:

Que la localité isolée de l'Angleterre y rend la
contrebande moins facile que sur le continent;

Que l'introduction frauduleuse d'un objet soumis
aux droits n'y suffit pas, puisque des droits intérieurs beaucoup plus difficiles à frauder encore que
ceux de l'entrée, y suivent la marchandise jusqu'à sa
consommation; ce qui offre beaucoup de gênes pour
la circulation, mais forme le plus grand produit des
douanes d'Angleterre;

Que si la circulation intérieure est assujettie en
Angleterre à des droits considérables et à une grande
gêne,

gêne ; le remboursement de ces droits est assuré aux fabricans de tous les genres pour la sortie des objets manufacturés par eux ;

Que ces remboursemens sont le moyen le plus efficace que le Gouvernement anglais puisse employer pour assurer à ses négocians une concurrence avantageuse et presque exclusive des débouchés de l'étranger ;

Que le Gouvernement, qui sait bien que le commerce est un des mobiles le plus puissant de la prospérité de l'État, accueille toujours d'une manière favorable, ses réclamations, guide même ses opérations d'après sa politique et le consulte toujours avec le plus grand soin sur les opérations qui peuvent atteindre son crédit ou contribuer à ses succès (1) ;

---

(1) Lors du traité de commerce de 1786, le commerce d'Angleterre fut consulté jusques dans les plus petits détails. Le Gouvernement français fit au contraire de ce traité le secret du cabinet de ses ministres. Qu'en résulta-t-il ?...

Le mal ne proviendrait pas d'un traité, car entre deux nations considérables, il existe toujours des moyens d'échange qui peuvent être réciproquement avantageux. — Il ne s'agit que de peser attentivement les intérêts respectifs de chaque nation ; mais celui des deux Gouvernemens qui connaîtra le mieux les intérêts de son commerce, et saura lui accorder le plus de faveurs bien appréciées, aura toujours un grand avantage sur l'autre. Une pareille connaissance n'est pas facile à acquérir, et plus une des deux nations croit reconnaître de supériorité dans le commerce de l'autre, plus elle doit apporter de soins à l'examen et à la préparation du traité qu'elle veut contracter avec elle.

C

Qu'enfin les droits considérables qui se perçoivent en Angleterre ne sont que la suite graduelle d'une agriculture, d'un commerce et d'une marine parvenus au plus haut degré de perfection, de prospérité et de puissance.

En employant de pareils moyens, nous obtiendrons avec le tems des résultats équivallens.

Mais après une révolution qui a détruit la majeure partie des fortunes et de nos relations, il faut d'abord favoriser efficacement le commerce, et rien ne pourra plus facilement atteindre ce but que l'adoption de ce principe incontestable, qui veut qu'on considère les douanes, moins comme une des branches les plus productives du trésor public, que comme le régulateur de nos relations commerciales, faisant toujours pencher la balance en faveur du commerce national, au préjudice du commerce étranger.

Du produit des Douanes depuis l'an 5.

On trouve à la fin du tarif des douanes, imprimé en l'an 11, le tableau du produit net de la recette des douanes pendant les années 5, 6, 7, 8, 9 et 10.

De ces divers produits paraissent naître les réflexions suivantes :

Le retour en numéraire et la liberté des transactions, en donnant lieu à un plus grand commerce en l'an 5, portèrent la recette des douanes à . . . . 15,317,934 fr.

L'événement politique qui eut lieu en l'an 6, et les craintes qui le pré-

cédèrent, firent diminuer la recette
de cette année, qui ne se porta
qu'à 12,413,230

La terreur imprimée par cet événement et la stagnation des affaires, à
laquelle les agitations politiques donnèrent lieu en l'an 7, influèrent encore d'une manière considérable sur
les douanes, qui ne rapportèrent
plus que, ... 9,532,570

L'heureux événement du 18 brumaire de l'an 8, en inspirant la plus
grande confiance au commerce, donna lieu à un excédent de recette de
près de cinq millions, et les douanes
produisirent, ... 14,064,318

La paix avec l'Autriche et autres
puissances, augmenta le bien-être
général, et la recette s'éleva en l'an 9
à, ... 18,886,055

La paix avec l'Angleterre mit le
comble à la prospérité du commerce;
mais malgré l'activité de ses efforts,
la recette des douanes de l'an 10 ne
se serait pas élevée jusqu'à la somme
de, ... 31,000,000 fr.
sans une circonstance dont le développement servira
à prouver toutes les ressources du génie fiscal et l'influence funeste qu'elles peuvent avoir sur le commerce et même sur l'agriculture.

C 2

La paix générale et tous les bienfaits que la France devait au chef de l'État pour le rétablissement du culte, pour les réformes, les améliorations et les encouragemens qui l'avaient précédée ou qui lui succédèrent, devaient inspirer la plus grande confiance au commerce français : aussi ses efforts furent-ils prodigieux.

Des rapports avec nos Colonies, interrompus pendant dix années, purent s'ouvrir de nouveau avec d'autant plus de sécurité, que le Premier Consul, qu'une impulsion naturelle porte à tout ce qui est grand, et sur-tout à ce qui peut offrir des avantages réels à la nation française, avait envisagé avec une sollicitude paternelle le sort des malheureux habitans de ces parties éloignées du territoire français.

Une flotte et une armée considérables furent envoyées à Saint-Domingue.

Dans ce moment de reconnaissance et d'enthousiasme publics, le commerce français, ennivré de bonheur et d'espérances, consulta plus un zèle patriotique que la prudence, qui, dans les circonstances ordinaires, dirige la conduite plus réservée de ses intérêts particuliers. Ses armemens pour Saint-Domingue furent multipliés au point, que des vins qui avaient coûté de 120 à 150 francs la pièce à Bordeaux, finirent par être offerts à Saint-Domingue, à 80 fr., et cette première perte s'augmenta du renchérissement de prix des denrées coloniales, occasionné par les grandes demandes qui eurent lieu pour

les retours en France de ces expéditions trop multi-
pliées dans nos îles.

Les pertes éprouvées par le commerce français
dans une pareille circonstance, étaient d'une nature
à mériter la bienveillance de l'administration des
douanes.

Comment concevoir que ce fut là l'époque, au
contraire, où elle provoqua sur ces mêmes denrées
des droits considérables, qui, en même-tems
qu'ils pouvaient être contraires à la culture de
Saint - Domingue , devaient achever de ruiner les
malheureux spéculateurs, colons ou négocians
qu'une imprudence excusable avait fait redoubler
d'efforts.

Sans doute aucune époque ne pouvait être plus favorable pour grossir tout d'un coup et d'une manière énorme la recette des douanes. On devait bien
s'attendre que même sans la nécessité de multiplier
les retours, les prix élevés des denrées coloniales en
France, et l'impossibilité de les y faire arriver directement ayant la paix, donneraient lieu à des importations immenses.

Mais fallait-il choisir une pareille circonstance ?

En supposant qu'une augmentation de droits pareille à celle déterminée par l'arrêté du 3 thermidor
an 10, eût été jugée indispensable, n'était-il pas
convenable, j'oserai même demander s'il n'était pas
juste d'en exempter celles de ces denrées qui avaient
été commandées ou chargées sur la confiance publique, sur la foi de l'ancien tarif, et avant que le

commerce ou les colons eussent pu avoir connaissance des nouveaux droits établis à ce sujet?

L'augmentation des droits occasionna bien une hausse en France.

Mais la hausse de la marchandise n'est jamais en proportion de celle d'un nouveau droit dans les pays de consommation, parce que le marchand qui est pourvu, soit par besoin de vendre, soit pour réaliser plutôt un bénéfice devenu subitement plus considérable, n'attend pas en général que ce bénéfice extraordinaire égale le nouveau droit établi.

Dès-lors il fallut se résoudre à vendre à plus grande perte les sucres et les cafés arrivés après l'arrêté du 3 thermidor, lorsque le besoin de réaliser des fonds ne permit pas de les garder jusqu'à une occasion moins défavorable.

La recette des douanes augmenta, mais les faillites se multiplièrent, et partie de celles qui ont éclaté en l'an 11, avant la dernière rupture avec l'Angleterre, ne doivent pas être attribuées à d'autres causes.

L'augmentation de ces droits ayant dû atteindre un grand nombre des retours de Saint-Domingue et autres de nos îles qui arrivèrent en France dans les premiers mois de l'an 11, explique encore la note ajoutée à la fin du tarif des douanes, que les quatre premiers mois de l'an 11 excèdent ceux des pareils mois de l'an 10.

La guerre, survenue en floréal dernier, aura même contribué à augmenter la recette des douanes, provenant de ces denrées, qui forment à elles seules,

les $\frac{2}{5}$ de son produit net : car, non-seulement les colons et les négocians français qui avaient des denrées à Saint-Domingue, se seront empressés de les faire parvenir en France dès les premières inquiétudes politiques, mais les Anglais eux-mêmes n'auront pas manqué de profiter de cette circonstance qui a maintenu des prix plus favorables, pour écouler chez nous une partie des immenses approvisionnemens, que la guerre devait leur fournir les moyens de renouveler plus aisément.

Ainsi, la recette de l'an 11 doit être plus élevée que celle de l'an 10.

Mais une circonstance aura contribué à la rendre beaucoup plus forte encore : c'est l'établissement de la troisième ligne des douanes et les mesures de plus en plus répressives qui ont été prises jusqu'à l'arrêté du 4 vendémiaire dernier.

Ces diverses mesures ont dû trouver en défaut, au premier moment, les contrebandiers, à qui il aura fallu quelque tems pour parer aux nouvelles difficultés qu'on leur a opposées.

Cependant, pour que cette nouvelle augmentation de la recette des douanes eût pour l'État un résultat vraiment avantageux, il faudrait qu'au lieu d'être occasionnée par un doublement de droits sur un objet d'aussi grande consommation que les sucres et les cafés, elle fût provenue d'une extension de commerce telle que celles qui paraissent avoir eu lieu en l'an 8 et l'an 9.

En effet, si ce doublement de droits, en augmen-

C 4

tant la recette des douanes, a diminué la masse des affaires, (ce qu'on pourrait présumer en voyant quatre articles seuls, les sucres, les cafés, les tabacs et les toiles de coton former 20,750,314 fr. 33 c.; c'est-à-dire, les deux tiers de la recette) cette diminution d'affaires (malgré la paix générale,) serait en résultat plus désavantageuse pour l'État, que l'augmentation de la recette des douanes a pu lui être profitable.

Ici, une observation se présente : depuis onze à douze années, le système actuel des douanes existe. Laissons de côté les années les plus orageuses de la révolution, et ne partons que de l'an 5, époque du retour du numéraire.

Je demande comment il se fait que dans un intervalle de huit années, plus les prohibitions de marchandises étrangères ont été maintenues, et plus les dépenses d'entretien et de consommation se sont successivement portées à des prix plus élevés.

On aura beau citer les progrès de nos manufactures : l'expérience les dément. Plus des établissemens de ce genre ont prospéré, plus leurs produits doivent être à même de soutenir la concurrence étrangère, et nos manufactures en général, du moins celles qu'on cherche le plus à favoriser et qui servent de prétexte au système actuel des douanes, bien loin de pouvoir soutenir aucune concurrence dans l'étranger, ne peuvent pas même soutenir celle de l'intérieur, lorsque, malgré la rigueur des lois existantes et le haut prix des assurances des contrebandiers, des produits du même genre ont été introduits en fraude.

J'écris sans partialité, et mon vœu le plus cher en ce moment, est qu'on puisse me prouver que je me trompe ; car personne n'est plus jaloux de la gloire et de la prospérité de son pays que moi, et je défie que rien dans mon existence civile, puisse donner lieu au plus léger soupçon sur les sentimens qui m'attachent à ma patrie. Mais je demande à mon tour la même impartialité de la part de mes lecteurs.

Ce n'est pas en exaltant ses préjugés qu'on parvient à en reconnaître les vices et les abus ; cet examen doit, au contraire, être fait avec le plus grand sang froid et avec la réflexion la plus approfondie.

Il n'est presque aucun article d'entretien ou de consommation qui, depuis quelques années, n'ait éprouvé plusieurs augmentations de prix. On ne me contestera pas, sans doute, que les dépenses les plus indispensables sont montées aujourd'hui presque généralement dans une proportion qui est telle, qu'une grande partie des consommateurs a bien de la peine à les atteindre.

De plus, comme tous les produits de nos manufactures ont dû suivre naturellement l'augmentation des dépenses, nos fabricans (1), bien loin de gagner

_____

(1) Il est inutile d'observer que je n'entends parler dans tout cet article, que des fabriques d'étoffes et autres qu'on cherche le plus à favoriser, et qui servent de prétexte au

trop, ne font pas même les bénéfices suffisans pour attirer à eux cette portion de capitaux qui se porte toujours naturellement vers les branches d'industrie qui lui promettent le plus de profit ; car il est généralement reconnu qu'en général ils manquent de capitaux, quoiqu'ils forment la branche qui paie à plus haut intérêt tous ceux qu'elle peut attirer à elle.

Ce n'est pas que le numéraire, quoique rare, manque. Il n'est aucun banquier, aucun négociant, aucun agent de change qui ne sache que partout en France, ce qu'on appelle papier de premier ordre est encore plus rare (par le défaut d'affaires), puisqu'on a toutes les peines possibles à en trouver, quoique le papier de ce genre se négocie à un intérêt moins coûteux de plus de moitié que celui des fabricans en général.

Comment ne pas conclure delà que si, malgré les prohibitions les plus sévères, et telles que celles qui ont exigé successivement des lois aussi rigoureuses que celles du 4 vendémiaire dernier, les fabriques d'étoffes qu'on veut forcément favoriser n'obtiennent pas le succès qu'on en attend, c'est,

1°. *Parce que ces prohibitions poussent par force cette partie de l'industrie nationale dans un canal moins avantageux que celui dans lequel elle se serait portée d'elle-même ;*

régime actuel des douanes ; car toute fabrique qui peut concourir avec bénéfice au débouché de l'étranger, prospère par elle-même et n'a besoin d'aucun encouragement particulier.

2ᵉ. *Parce qu'on pousse par force cette portion d'industrie, non-seulement dans un canal qui est moins avantageux, mais même dans un qui est pour le moment désavantageux* (1).

Le premier but à atteindre est donc de faire cesser ce désavantage, et ce premier succès obtenu, le second viendra ensuite de lui-même.

Or, pour atteindre ce premier but, au lieu de maintenir des prohibitions ou des droits si élevés, qui font que les *ouvriers* (2) *et presque toutes les classes de citoyens se trouvent par-là obligés de payer certaines marchandises beaucoup plus cher qu'auparavant;* ce qui est une loi, *qui impose une véritable taxe sur la totalité du pays*, sans atteindre le but qu'elle se propose, ne conviendrait-il pas, au contraire, d'éviter que la totalité du pays fût aussi fortement taxée, lorsque, sur-tout, il n'entre dans les revenus de l'État que le dixième et peut-être le vingtième de la taxe imposée sur la totalité du pays?

Je dis qu'il n'entre dans le trésor de l'État que le dixième au plus de la taxe imposée; et il ne sera pas difficile d'en donner la preuve.

Si, d'après l'augmentation occasionnée par l'effet des prohibitions ou des droits élevés à l'entrée des étoffes ou des marchandises étrangères, on compare les prix actuels de tous les objets d'entretien ou de

(1) Smith, *Recherches sur la Nature et les Causes de la Richesse des Nations.*

(2) *Ibid.*

consommation indispensables dans le courant d'une année, on les trouvera plus chers généralement d'un tiers depuis que des prohibitions, des lois plus rigoureuses ont repoussé plus efficacement la contrebande, qu'on est encore bien éloigné d'avoir fait cesser en entier. C'est-là un fait dont on aura aisément la conviction dans tous les ménages, depuis le plus petit jusqu'au plus considérable.

Si je n'évalue ce renchérissement général qu'en raison de quatre francs par an, par individu, l'un dans l'autre, bien évidemment ce ne sera pas l'évaluer à moitié de l'augmentation réelle.

Mais à 4 francs par individu, il en résulte que sur une population de 33 millions d'individus, il y a un excédent de dépense de 132 millions par an.

Depuis deux ans environ, des lois plus rigoureuses ont été successivement rendues pour la répression de la contrebande, et depuis cette époque, les objets d'entretien et de consommation indispensables ont éprouvé, en grande partie, le renchérissement dont je viens de parler.

La recette des douanes, même en y comprenant les augmentations de produits, occasionnées par la paix générale qui a eu lieu dans cet intervalle, s'est portée à 17 millions de plus; ce qui fait huit millions et demi, année commune. Où chercher l'énorme différence entre cette augmentation de produit net, et le renchérissement survenu sur les objets d'entretien et de consommation?

Si ce n'est: dans la perception très-coûteuse des douanes.

Dans les intérêts et les bénéfices que chaque vendeur entend faire sur le montant du droit, ou de l'assurance de contrebande, qui augmentent d'autant le prix de la chose imposée.

Dans le salaire des contrebandiers.

Dans le renchérissement des primes d'assurance ?

Et enfin, dans les frais très-élevés qui ont lieu pour le transport des marchandises de contrebande, qui souvent doivent éprouver des retards considérables, ou occasionner de plus grands frais, en raison des plus longs détours qu'il faut prendre pour parvenir à une barrière plus facile ou moins coûteuse à traverser en fraude ?

Le Gouvernement est sans contredit le plus fort consommateur de l'Empire. Les dépenses auxquelles il est tenu pour l'armement et l'équipement des troupes et des forces navales, l'achat des munitions de guerre, les approvisionnemens de toute espèce et les immenses travaux qu'ils occasionnent, doivent nécessairement se monter à des sommes énormes.

Or, un impôt qui lui produit d'un côté un excédent de recette de huit millions et demi, tandis que de l'autre, il donne lieu à un excédent de dépenses de dix, quinze millions et plus, doit être pour lui la plus onéreuse de toutes les ressources, lorsque sur-tout cet impôt a sur le commerce et sur l'industrie des effets qui ne sont pas tels que ceux qu'on en avait d'abord espéré.

Et comment méconnaître que ces effets ne sont pas tels que ceux qu'on en avait attendus, lorsque l'on voit celles de nos fabriques que le régime actuel des douanes a pour but de favoriser, ne pouvoir pas même soutenir une concurrence intérieure, malgré les lois les plus sévères, tandis qu'à deux pas de nous, la Suisse, par un régime contraire, sans prohibitions, sans droits d'entrée autres que des perceptions infiniment modiques, procure à ses fabriques d'horlogeries, d'indiennes, de mousselines, une concurrence avantageuse et un débouché facile qui s'étend avec le plus grand succès jusqu'aux régions les plus éloignées ?

N'est-ce point là la preuve la plus convaincante de la vérité de ce principe de Smith, que j'ai déjà eu occasion de citer, que l'industrie veut être libre, et qu'on fait de vains efforts pour l'attirer forcément dans des canaux qui ne lui sont pas *pour le moment* avantageux.

Mais si la conséquence à tirer de ces raisonnemens sert à prouver que c'est une (1) *mauvaise méthode pour compenser le dommage fait à quelques classes particulières du peuple, que de faire nous-mêmes un autre dommage, tant à ces mêmes classes qu'à presque toutes les autres;* ce qui est l'effet de la plupart des prohibitions; l'examen des importations, dont la régie des douanes présente l'apperçu à la fin de son tarif de l'an 11 (*page 31*), nous convaincra

---

(1) Smith, *Richesse des Nations.*

également que les précautions les plus actives et les lois les plus rigoureuses n'empêchent point qu'une contrebande considérable n'ait encore lieu.

Prenons les importations de tabac pour preuve.

A coup-sûr, la France, composée aujourd'hui de 33 millions d'habitans (non compris le Piémont), doit consommer une plus grande quantité de tabacs en feuille d'Amérique, que ce qui en était consommé dans le tems de la ferme générale, époque à laquelle on ne comptait guères que 21 millions d'habitans soumis au régime de la ferme. J'ai donné ces détails et les preuves y relatives, dans mon Mémoire sur le Tabac, présenté au Ministre des Finances, le 29 fructidor an 10.

Ces 21 millions d'habitans consommaient alors seize millions de livres de feuilles de tabac étranger, à quoi il fallait ajouter un cinquième de fraude, avoué par la ferme ; ce qui faisait plus de dix-neuf millions de livres de feuilles de tabac étranger.

D'après les états de la régie des douanes, il n'a été importé en France en l'an 10, pour la consommation de la République, que 11,122,527 livres métriques, ou 22,689,955 livres marc.

On ne niera pas que de cette importation, il ne soit resté à la fin de l'année, dans divers entrepôts des douanes, des quantités plus ou moins considérables de ces tabacs. Mais, en admettant que la quantité entière de cette importation ait fourni à la consommation totale de l'année, il en résulte que dans le tems de la ferme générale, 21 millions d'habitans consommaient 19 millions de livres de tabac étranger ;

Tandis qu'aujourd'hui trente-trois millions d'habitans n'en consomment que 22 millions et demi.

Il faut donc, toutes proportions gardées, ou qu'il y ait eu 7 millions et demi de livres de tabacs introduits en fraude, ce qui fait un tiers de fraude en sus de l'importation reconnue, ou que le goût et le nombre des consommateurs aient bien diminué en France. Il n'est personne cependant qui ne croie que l'habitude de fumer ou de prendre du tabac est devenue plus générale depuis la révolution.

Je prie mes lecteurs d'observer que d'après les bases qui me sont fournies par les anciens débouchés de la ferme générale, je ne porte la consommation actuelle de la République entière, qu'a trente millions de livres de tabac, tandis que M. Fabre de l'Aude, M. de Guer après lui, et quelques autres, la supposent être de 50 millions.

Ainsi, l'on voit que les mesures prises à cet égard ont bien pu empêcher pendant quelque tems que la contrebande fut aussi considérable que par le passé, mais sont encore bien loin de l'avoir repoussée en entier.

S'il était possible de comparer également la somme des importations et des consommations d'autres denrées ou marchandises prohibées ou assujetties à des droits, à celles qui résultent aujourd'hui de la recette des douanes, on appercevra aisément la même fraude.

On remarquerait que plus la contrebande de ces denrées ou marchandises étrangères est repoussée efficacement, et plus le prix de ces denrées ou marchandises s'élève dans l'intérieur et forme pour la masse totale des consommateurs un excédent de dépense énorme, et qui est hors de toute proportion avec le produit net que le Gouvernement en retire par l'augmentation de la recette des douanes.

Par exemple, depuis l'arrêté du 23 floréal an 9, relatif aux feuilles de tabac étranger, et les visites domiciliaires plus ou moins fréquentes, plus ou moins vexatoires faites à ces fabricans, dont on exige la représentation des livres, faute de quoi on leur déclare qu'ils passeront pour *suspects*, etc., les droits sur le tabac ont produit quelque chose de plus. Mais cet excédent de recette n'est rien en comparaison de l'augmentation énorme qu'a éprouvé le prix de ces feuilles dans l'intérieur.

Cette augmentation est de 66 pour cent depuis la date de l'arrêté en question. Les feuilles valaient alors 90 francs ; elles en coûtent aujourd'hui 150.

L'augmentation avait eu lieu avant la dernière guerre : elle n'a été que de très-peu de chose depuis cette époque.

Je n'entends pas dire que l'augmentation provienne entièrement de la répulsion plus efficace de la contrebande ; d'autres causes peuvent également y concourir. Mais une grande partie de cette augmen-

D

tation dans l'intérieur n'a pas d'autre motif, parce qu'en raison des plus grandes difficultés qui surviennent momentanément, les primes d'assurance deviennent toujours plus chères ; et comme avec le tems, les fraudeurs finissent toujours par surmonter une partie des obstacles qu'une mesure plus rigoureuse leur oppose, à mesure qu'ils parviennent à se frayer des routes moins coûteuses, leurs bénéfices s'augmentent dans une proportion qui reste long tems plus élevée que la diminution de prix de leur assurance, qu'ils tâchent de maintenir, le plus qu'il leur est possible, au taux où des mesures plus répressives les ont d'abord fait monter.

Des droits trop élevés auraient des inconvéniens moindres, s'il était possible de repousser entièrement la contrebande, qui, indépendamment du vol fait à l'État, favorise toujours l'homme immoral qui s'y livre, au préjudice du négociant honnête qui se soumet à la loi.

Mais comment croire à cette possibilité ; comment croire que des citoyens de telle nation, plus favorisée par nos conventions commerciales avec elle, ne profiteront pas de ces avantages particuliers, ou des ressources connues de la contrebande, pour verser chez nous, soit comme denrées de leurs possessions, soit en contrebande, en totalité, ou du moins en grande partie, les 150 millions de denrées ou de marchandises qu'ils viennent d'acheter des Anglais, ainsi que tous les papiers publics s'accordent à le dire ?

Comment croire que quarante millions de denrées ou marchandises anglaises qui existent, assure-t-on, en ce moment dans la principauté de Neufchâtel et ses environs, ne seront pas versés en partie en contrebande sur nos frontières limitrophes ou du voisinage ?

Lors même que ces bruits publics seraient inexacts, les dénoncer, en ce moment, ne peut point être un mal ; l'effet d'une dénonciation pareille ne pouvant qu'entretenir une surveillance plus active de la part des douanes, qui doivent mieux savoir que personne ce qui se passe à cet égard.

L'expérience de tous les tems et de tous les peuples, prouve que les peines les plus sévères n'empêchent pas une grande contrebande d'avoir lieu, lorsque les localités la rendent praticable, et que des droits trop élevés la provoquent.

La recette des douanes pourra s'élever en France, tant que le génie fiscal n'aura pas parcouru le cercle de tous les objets de grande consommation, plus ou moins susceptibles d'être fortement imposés ; mais le moment arrivera où toutes ces ressources, momentanément et en apparence avantageuses, mais, en réalité, infiniment onéreuses à l'État, seront enfin épuisées.

Alors, que restera-t-il ?

Des frais de perception énormes et un commerce presque anéanti. Le commerce de France, qui, depuis la révolution, n'a pu faire que des efforts infructueux, continuera donc à être faible et languissant, à

D 2

moins que le Gouvernement, dont la bienveillance s'occupe constamment du bonheur de la France, et qui, depuis quelque tems, a nommé une commission, composée d'administrateurs éclairés, pour déterminer la direction la plus avantageuse à donner aux impositions, ne parvienne à acquérir la preuve:

Que les droits trop élevés et l'effet de certaines prohibitions, qui tiennent au systême actuel des douanes, contrarient une grande partie de notre industrie manufacturière, et notre commerce en général;

Occasionnent à toute la masse du peuple, le renchérissement de plusieurs objets d'entretien ou de consommation qui lui sont indispensables ; ce qui donne lieu à un excédent de dépense considérable et hors de toute proportion avec le produit net des douanes.

Et enfin, pour me servir des propres expressions d'un des administrateurs actuel des douanes, *que le produit provenant d'une contribution qui porte presque entièrement sur le luxe, ne doit être considéré que comme un impôt protecteur de notre industrie manufacturière et agricole, et comme un moyen de lui assurer une concurrence avantageuse sur celle de l'étranger :*

Qu'il serait donc de l'intérêt national, on ne peut trop le répéter, que ce produit, qui était de quatorze à quinze millions à l'époque où cet administrateur émettait ces sages principes, ne s'accrût que de ce que peut lui faire gagner la répression de

*la fraude,..... sans quoi il doit être évident que
l'augmentation dans la recette sera loin d'être un
signe de prospérité.*

§. II. *De nos Manufactures.*

Rien n'est plus affligeant que l'idée de supériorité
admise en faveur des produits des fabriques anglaises, lorsque l'on considère qu'en général on se
complaît plus à en faire l'aveu, qu'à rechercher les
motifs qui l'ont déterminée.

Aujourd'hui, plus que jamais, il est du devoir de
tout bon Français de faire en sorte de la rivaliser avec
succès. C'est la guerre de l'industrie qu'il faut déclarer à l'ambition des Anglais. Il faut aussi attacher à
nos arts, la victoire, qui n'abandonna jamais nos dra-
peaux. Ce tribut de zèle et d'efforts, ne fût-il com-
mandé par notre propre intérêt, nous le devons au
Chef illustre dont le Gouvernement ne peut être
étranger à aucune espèce de gloire.

Il existe une correspondance intime entre les matières premières recueillies dans un État, et l'art de
ses manufactures.

Sous ce rapport, l'agriculture étant portée en Angleterre (1) à un point de perfection dont nous

_____

(1) Les grandes propriétés territoriales peuvent seules
changer et améliorer l'agriculture.

Leur division, occasionnée en France par la révolution,
a pu avoir quelques effets avantageux dans les terreins où
il faut peu de capitaux pour leur exploitation, et ajouter à
l'aisance de quelques particuliers qui ont été favorisés dans

sommes encore bien éloignés en France, les Anglais
recueillent une plus grande quantité de laines, et ils

---

l'acquisition de ces propriétés par le mode de paiement à
terme et en asssignats.

Mais cette mesure a eu des suites funestes pour l'agriculture en général.

La nouvelle division des terres n'a plus permis d'entretenir la même quantité d'élèves en chevaux, en bêtes à corne
et en moutons, perte qui s'est accrue par celle des engrais
qui en est provenue, et qui a dû rendre les nouvelles récoltes d'autant moins productives, que les propriétaires de
ces terreins isolés et sans bâtimens n'ont pu avoir des facul-
tés suffisantes pour suppléer à ces divers inconvéniens.

Le partage des biens communaux a eu des effets également funestes. Il a donné lieu à des défrichemens, qui ont
occasionné une grande diminution de bestiaux et principalement des bêtes à laine. La plupart de ces biens, d'ailleurs, étant en terres d'une qualité médiocre, les nouveaux
propriétaires n'ont pas eu assez de moyens pour en prolon-
ger la fécondité, et rien n'a pu suppléer aux engrais dont
leur défrichement a occasionné la perte.

Ensuite, la conséquence dangereuse du système que tout
vient de la terre, et que l'impôt doit essentiellement porter sur ses produits, a donné lieu à l'assiette d'une imposition
foncière, dont personne ne méconnaît aujourd'hui l'énor-
mité et souvent l'injustice. Le mal de cette forme de contribution s'accroît encore par les armées de garnisaires qu'il
faut employer pour forcer la perception de l'impôt.

Tels sont les effets produits par de faux systèmes, qui
contrarieront long-tems encore les efforts du Gouvernement actuel en faveur de l'agriculture.

En Angleterre, tout concourt à la rendre florissante.

Les grandes propriétés, intactes depuis plus d'un siècle,

sont parvenus à en perfectionner mieux que nous la qualité.

---

voient s'accroître journellement leurs moyens de prospérité.

Les propriétaires résident, par goût et par une spéculation bien entendue, une partie de l'année à la campagne.

Des encouragemens publics et particuliers, accordés à tous les agriculteurs, excitent leur émulation et facilitent leurs efforts.

L'impôt foncier établi, d'après un cens fixe et invariable, en 1692, sous le règne de Guillaume III et Marie Stuart, y a constamment favorisé tous les essais qui pouvaient tendre à l'amélioration des terres, ce qui, plus qu'aucune autre cause, a dû contribuer à en augmenter successivement la valeur, tandis qu'en France, les propriétaires, toujours incertains du succès, craignent d'autant plus de faire des tentatives de ce genre, que, même dans le cas d'une réussite complète, la progression de l'impôt les atteint d'une manière infiniment onéreuse.

Mais de plus encore : les Anglais, qui connaissent bien les ressources que les produits de l'agriculture peuvent fournir à l'industrie, s'adonnent de préférence à l'entretien des bestiaux, qui peuvent contribuer à donner une plus grande activité à leur commerce manufacturier ; et comme la nourriture d'un bœuf peut suffire à celle de dix à douze moutons, ils ont cru trouver plus d'avantages à conserver moins de bœufs, afin d'augmenter par-là, d'une manière très-considérable, le nombre des moutons qu'ils peuvent élever. En général, ils sont dans l'usage de faire tuer leurs bœufs dès l'âge de trois à quatre ans, et de n'employer que des chevaux aux travaux de l'agriculture dans tous les terreins où cela est possible.

Je laisse à décider à ceux qui sont plus versés que moi dans cette partie si essentielle de l'économie rurale, si, en

D 4

Ces premiers succès obtenus, des lois particulières sont intervenues, qui, tour à tour, ont eu le
double motif d'avantager les manufactures par les
produits de l'agriculture, et de favoriser l'agriculture, en assujettissant les citoyens, même jusqu'après
leur mort, à l'usage forcé d'étoffes provenant de ses
produits (1).

La défense d'exporter des laines, peut faire tort à
l'agriculture, si toutes fois les moyens qu'elle fournit
aux manufacturiers de ce genre, ne compensent pas,
pour la nation en général, et pour les agriculteurs en
particulier, ce dommage, en fournissant plus de travail à l'industrie et un débouché plus étendu aux
cultivateurs.

Quoiqu'il en soit, les laines sont en Angleterre à
moitié prix, a peu près, de ce qu'elles coûtent en
France ; et d'après cela, les Anglais ont un avantage
incontestable sur nous, pour toutes les draperies qu'ils
peuvent fabriquer avec les laines qu'ils recueillent :
ils peuvent fournir ces sortes d'étoffes à un prix très-
bas ; ce qui permet d'autant moins à nos fabricans
de ce genre d'entrer en concurrence avec eux, que

---

même-tems que ce moyen fournit une si grande surabon-
dance de matière première aux fabriques de draperies anglaises, il n'atteint pas encore le double but de perfectionner la race des chevaux et des moutons, et celui bien plus
utile encore de fournir à l'agriculture des engrais plus
abondans et de bien meilleure qualité.

(1) « Tout anglais doit être enterré dans un vêtement
» neuf de laine »,

ces derniers sont encore très-arriérés sur les moyens plus économiques et plus avantageux de filer la matière première qui sert (1) à leur fabrication.

Mais toutes les fois que la supériorité des fabriques anglaises ne proviendra pas d'un prix plus bas de la matière première, ou de quelque cause particulière de localité, il n'est aucun obstacle qui doive nous empêcher long-tems de parvenir au même degré de perfection.

Les Anglais, par exemple, font des mousselines et un grand nombre d'autres étoffes de coton.

Pour toutes ces étoffes, ils n'ont pas les matières premières chez eux, ou du moins, ils ne se les réservent pas exclusivement.

Dès-lors, que faut-il pour les atteindre?

Des filatures aussi perfectionnées, des métiers aussi économiques.

Mais ces moyens ne sont-ils pas également à notre portée, et si une moins grande habitude nous tient encore éloignés d'eux pour l'invention, n'avons-nous pas au moins la faculté de profiter de leurs découvertes?

Ici, quelques obstacles particuliers se présentent.

---

(1) « Le département de l'Aisne, qui recueille près de » cinquante mille myriagrammes de laine, produit qui » pourrait être considérablement augmenté, le nombre » des moutons pouvant être doublé dans ce département, » n'a point de fabrique d'étoffe. Il serait à désirer qu'on y » établit des filatures, etc.

(*Statistique du département de l'Aisne*, an ix). »

Le plus difficile à surmonter, sans contredit, provient des pertes énormes que la révolution a occasionnées au commerce.

Le fabricant anglais est riche, le fabricant français est pauvre ; il se procure difficilement des fonds et en paie les intérêts à un taux exhorbitant ; mais plus cet obstacle est réel, plus le Gouvernement saura l'apprécier.

Avant la révolution, l'inconstance des modes, ou peut-être une direction de l'esprit public qui ne fut pas provoquée sans dessein, avaient fait substituer les draps et les nankins aux velours et aux autres étoffes d'un plus grand prix. Des fabriques de soie furent établies en Espagne, des fabriques de draps en Allemagne, et dans le même-tems où ces nations voisines cherchaient à attirer chez elles ces branches d'une industrie précieuse, la perte des fortunes diminuait, chez nous, d'une manière sensible, les dépenses et les consommations de la classe aisée.

Ensuite, des fortunes colossales, faites en peu de tems, et concentrées dans un petit nombre d'individus, donnèrent lieu à un luxe souvent révoltant et qui exerça une influence funeste sur presque toutes les classes de la société. Il y eut plus de besoins factices et moins de fortunes réelles.

Le désordre des finances,

L'agiotage qui s'ensuivit,

Le discrédit,

L'immoralité,

Un impôt foncier accablant et qui exerce l'in-

fluence la plus funeste sur l'industrie manufacturière.,

Des réglemens de douanes vicieux,

Le peu de stabilité de nos systêmes politiques,

Ajoutèrent à nos maux, jusqu'à ce qu'une main
vigoureuse et habile, saisissant les rênes du Gouvernement, comprimant toutes les factions et rétablis-
sant l'ordre général, nous ramenât dans des routes
plus sûres, en rendant à la France, si cruellement
agitée, la paix et l'espérance du bonheur.

Aujourd'hui :

La circulation intérieure, devenue plus facile et
moins dispendieuse par des canaux faits ou projetés;

La restauration des chemins;

L'exemption de certains impôts, qui, comme celui des portes et des fenêtres, étaient une surcharge
accablante pour l'industrie manufacturière;

Les modifications qui proviendront d'un examen
réfléchi, et déjà ordonné, de l'impôt foncier et de celui
des douanes, qui sera soumis, il faut l'espérer, à
une révision également éclairée et impartiale;

Les secours particuliers accordés à quelques fabricans,

Un conservatoire d'arts et métiers (1), dépôt

(1) Il serait à désirer que l'entrée de ce Conservatoire
fût plus fréquemment et plus facilement ouverte au public.
Le dimanche est le seul jour où on puisse examiner les
machines et les métiers qu'il renferme; et en dernier lieu,
des ordres ont été donnés pour qu'il fût fermé à deux
heures, au lieu de quatre. Les fabricans étrangers qui ne

précieux des modèles d'un grand nombre de métiers,
ayant pour objet de propager des instructions nécessaires et des connaissances utiles :

Voilà autant de bienfaits qui annoncent ce que
notre commerce et notre industrie manufacturière
peuvent attendre de la bienveillance éclairée et de la
protection spéciale du Gouvernement. Et jusqu'à
quel point de prospérité le commerce ne pourra-t il
pas parvenir en France, si le Gouvernement a la
possibilité d'encourager efficacement ses efforts !

Voyez l'Irlande, sans manufactures, connaissant
peu les arts libéraux et les sciences, n'offrant presque partout qu'un terrein stérile et inculte.

---

séjournent pas à Paris un dimanche, ne peuvent donc pas
visiter les modèles qui souvent les éclaireraient sur des im-
perfections de fabrication, et dont la connaissance pourrait
toujours leur servir pour adopter des procédés plus économiques ou plus avantageux.

Le Conservatoire est un dépôt public de connaissances,
qui, comme la Bibliothèque nationale, devrait être ouvert
aux curieux une ou deux fois par semaine, et tous les jours
aux ouvriers, fabricans ou autres qui ont besoin de consulter
des modèles nouveaux ou plus perfectionnés.

Je viens de parler de la Bibliothèque nationale, c'est
rappeler un sentiment affectueux et reconnaissant pour son
conservateur, à toutes les personnes qui fréquentent d'habitude ce superbe établissement. Qu'il me soit permis de
donner ici ce faible témoignage de ma gratitude particulière à M. Van-Praët, dont les connaissances étendues ont
souvent dirigé mes recherches, et dont l'extrême obligeance
est toujours si agréable à ceux qui, comme moi, sont dans
le cas de recourir à lui fréquemment.

« A peine (1) des récompenses fixes sont-elles
» établies pour quiconque fait dans quelque science
» et art libéral et mécanique que ce soit, une dé-
» couverte ou seulement un ouvrage qui annonce le
» talent et l'industrie, à l'aide
» d'une méthode si utile, les Irlandais se sont pro-
» curés, par leur industrie, plusieurs denrées qu'ils
» tiraient des pays étrangers ; et l'établissement
» qu'ils ont fait d'un grand nombre de manufac-
» tures, sur-tout de celles de toiles, qui égalent en
» bonté et en finesse les toiles de Hollande et de
» Flandres, leur a produit un revenu immense »,
même malgré les gênes et les entraves des douanes
d'Angleterre.

Les moyens dont on a fait usage en Irlande sont
à la portée de tous les États et de tous les Gouverne-
nemens; et s'ils ont eu une telle réussite dans un
pays qui n'offrait presque partout qu'un terrain stérile et inculte, et où l'on connaissait si peu les arts
libéraux et les sciences, quels succès ne pourrait-on
pas en attendre en France ?

Pour encourager les progrès de l'industrie manufacturière, quelques Gouvernemens adoptent de
préférence la méthode des prohibitions de marchandises de fabriques étrangères, et en général, les fabricans de tous les pays sollicitent ou desirent des
gratifications, des primes d'encouragemens, ou tout

---

(1) MARTINELLY. *Extrait inséré dans le Dictionnaire
Universel.* Tome 12, F. 56, 1780.

au moins, un monopole absolu en faveur des marchandises de fabrique nationale.

Il convient d'examiner les différens effets qui
peuvent résulter de ces divers systêmes.

« Accorder au produit de l'industrie nationale
» (dit Smith) dans un art ou genre de manufacture
» particulier, le monopole du marché intérieur,
» c'est en quelque sorte diriger les particuliers dans
» la route qu'ils ont à tenir pour l'emploi de leurs
» capitaux ; et en pareil cas, prescrire une règle de
» conduite, est presque toujours inutile ou nuisible.
» Si le produit de l'industrie nationale peut être mis
» au marché à aussi bon compte que celui de l'in-
» dustrie étrangère, le précepte est inutile ; s'il ne
» peut pas y être mis à aussi bon compte, le pré-
» cepte sera en général nuisible. La maxime de tout
» chef de famille prudent est de ne jamais essayer de
» faire chez soi la chose qui lui coûtera moins à
» acheter qu'à faire.

» Ce qui est prudence dans la conduite de chaque
» famille en particulier, ne peut être folie dans celle
» d'un grand Empire : si un pays étranger peut nous
» fournir une marchandise à meilleur marché que
» nous ne sommes en état de l'établir nous-mêmes,
» il vaut bien mieux que nous la lui achetions avec
» quelque partie de notre industrie employée dans
» le genre dans lequel nous avons quelque avan-
» tage. . . . . . .

» L'industrie ne peut s'accroître qu'autant que le
» capital qui la met en œuvre s'augmente, et ce ca-

» pital ne peut s'augmenter qu'à proportion de ce
» qui peut être épargné peu à peu sur les revenus de
» la société. Or, l'effet des prohibitions étant de di-
» minuer le revenu de la société, à coup-sûr ce qui
» tend à diminuer son revenu, n'augmentera pas
» son capital plus vîte qu'il ne se serait augmenté de
» lui-même, si on eût laissé le capital et l'industrie
» chercher l'un et l'autre leurs emplois naturels ».

Ces principes, dont la vérité ne peut être mécon-
nue de personne, peuvent bien être contestés par
ceux dont ils contrarient les intérêts particuliers;
mais il n'est aucun esprit juste et impartial qui ne
puisse les apprécier ainsi qu'ils doivent l'être : or,

Si l'industrie doit être proportionnée au capital
qui la met en œuvre;

S'il doit être plus profitable de la laisser s'exercer
librement dans un canal avantageux qu'elle suit naturellement, que de vouloir la contraindre à en par-
courir un qui, pour le moment, lui serait désavantageux ;

« Si les avantages naturels qu'un pays a sur un
» autre pour la production de certaines marchan-
» dises, sont quelquefois si grands qu'au sentiment
» unanime de tout le monde, il y aurait de la folie à
» vouloir lutter contre eux »:

Comment espérer qu'on pourra encourager efficacement par des prohibitions, un nombre d'établissemens manufacturiers qui excède le capital, qui est
indispensable pour le mettre en œuvre?

Comment peut-on croire qu'on forcera l'industrie

dans des canaux, qui, pour le moment, lui sont désavantageux ?

Comment peut-on méconnaître enfin, que les avantages naturels de certains pays pour la production de
certaines marchandises, s'augmenteront encore pour
ces pays, des deux obstacles qui proviennent de l'in-
suffisance de nos capitaux relativement à des emplois
trop étendus, et de la direction forcée qu'on voudra
donner à certaines branches de notre industrie nationale ?

Prohiber des marchandises étrangères qu'on pourrait se procurer à moitié prix de celles de la même
nature qu'il faut acheter à nos fabricans, c'est
occasionner à la nation entière une dépense double
de celle qu'elle aurait à faire : c'est vouloir contraindre l'industrie nationale à s'exercer sur des fa-
brications désavantageuses, tandis que si on la laissait
libre, elle se porterait au contraire, d'elle-même,
vers celles qui lui assureraient le plus de profits.

« Au moyen de serres chaudes, de couches, de
» chassis de verre, dit Smith, on peut faire croître,
» en Écosse, de fort bons raisins, dont on peut faire
» de fort bon vin, avec trente fois peut-être autant
» de dépense qu'il en coûterait pour s'en procurer
» de tout aussi bon de l'étranger; or, trouverait-on
» bien raisonnable un réglement qui prohiberait
» l'importation de tous les vins étrangers, unique-
» ment pour encourager à faire du vin de Bordeaux,
» ou du vin de Bourgogne, en Écosse.

» Il n'importe nullement, à cet égard, que les
» avantages

» avantages qu'un pays a sur l'autre soient naturels
» ou acquis. Tant que l'un des pays aura ces avan-
» tages, et qu'ils manqueront à l'autre, il sera tou-
» jours plus avantageux pour celui-ci d'acheter du
» premier, que de faire soi-même ».

Lorsque la prohibition des marchandises de fabrique étrangère a pour but d'encourager une branche
de fabrication, à laquelle nous fournissons nous-
mêmes les matières premières, on en conçoit plus
facilement le motif, quoiqu'il occasionne toujours un
monopole particulier en faveur de quelques agriculteurs ou de quelques fabricans, au préjudice de la
totalité de la nation. On tâche alors d'encourager un
produit de notre agriculture qui donne de l'activité
à une branche d'industrie plus ou moins utile. Il
conviendrait cependant de s'occuper, à cet égard, de
la cause, c'est-à-dire, du soin de perfectionner nos
produits indigènes, ou de les rendre moins chers,
avant de prétendre à l'effet, résultat naturel de ce
perfectionnement, ou de la diminution du prix
de ces matières premières.

Mais quel peut être le motif qui ferait admettre
la prohibition dans les genres d'industrie, lequels,
n'étant point alimentés par des produits indigènes, nous mettent dans la nécessité de faire acheter ces produits au-dehors, pour en faire une étoffe
inférieure en qualité, et qui doit nous coûter un prix
quelquefois double de celui auquel nous aurions pu
l'acheter à l'étranger ?

E

Alors, pour nuire au commerce étranger, n'en résulte-t-il pas, pour nous, le même dommage qu'éprouve l'Angleterre, dans l'intention de nuire à la France, lorsqu'elle paie très-chèrement au Portugal, des vins d'une qualité très-inférieure, que nous lui fournirions à un prix beaucoup moins élevé ?

On peut bien, par des prohibitions de marchandises de fabrique étrangère, assujettir ses concitoyens à l'obligation de payer certaines marchandises beaucoup plus cher qu'auparavant, quoique ce soit là *une loi qui impose une taxe sur la totalité du pays, pour pousser forcément son commerce dans un canal beaucoup moins avantageux que celui dans lequel il serait entré naturellement de son plein gré* (1).

Mais on ne peut forcer également les étrangers à acheter de nos fabricans les mêmes marchandises, si ceux-ci ne peuvent les vendre à aussi bon ou meilleur marché que d'autres.

Dès-lors, afin d'augmenter, par un plus grand nombre d'exportations, les bénéfices imaginaires de la balance commerciale, on accorde, à ces mêmes fabricans, des gratifications sur le produit de leurs exportations, afin de leur assurer par-là le monopole des marchés extérieurs, comme, par les prohibitions d'importations, on cherche à leur assurer celui des marchés intérieurs.

(1) AD. SMITH.

Ici, les mêmes inconvéniens se présentent de nouveau.

Si la branche d'industrie, dont on a l'intention d'étendre le débouché dans l'étranger, prospère, c'est-à-dire, si ses produits peuvent être vendus dans l'étranger, *à un prix qui remplace au marchand, avec le profit ordinaire, tout le capital employé à préparer et à mettre au marché les marchandises apportées*, alors la gratification devient inutile.

Dans le cas contraire, la gratification est une perte réelle, qui, sur chaque opération, absorbe une partie du capital qu'on y emploie.

La gratification donne lieu alors à *un commerce qui est de telle nature, que si tous les autres commerces lui ressemblaient, il ne resterait bientôt plus du tout de capital dans le pays.*

Ces sortes de prohibitions, ou de gratifications, sont bien un avantage pour les fabricans ou marchands en faveur de qui elles sont accordées; mais, à très-peu d'exceptions près, un pareil systême encourage souvent et fait naître la fraude; toujours il occasionne à l'État une surcharge aussi inutile qu'onéreuse.

Il est des moyens plus efficaces pour encourager l'industrie particulière, sans nuire à l'industrie générale.

Ces moyens ont été indiqués au Gouvernement, à différentes époques, par diverses chambres de commerce, et notamment par celle de Normandie, dont je vais transcrire ici les propres expressions.

Les manufacturiers français, différant en cela d'opinion avec ceux d'Angleterre, demandent qu'on assujettisse les produits des manufactures françaises à des réglemens fixes qui ne permettent plus d'en altérer ni la qualité, ni les mesures : abus funeste en France, qui souvent a porté le plus grand préjudice à nos fabricans, que leur loyauté et leur manière d'être mettaient au-dessus des fraudes pratiquées à cet égard (1).

Ils desirent sur-tout obtenir du Gouvernement la même considération qui est accordée au commerce en Angleterre.

Ils demandent la modération, et presque la suppression, des droits d'entrée sur les matières premières étrangères à notre sol et à nos Colonies, mais indispensables à nos fabriques.

L'exemption des droits à la sortie de la République, sur des objets qui y laissent ou le prix d'une main-d'œuvre, ou le bénéfice d'un transit, et souvent d'autres droits déjà perçus.

Lorsque les matières premières qui alimentent nos fabriques sont une production de la République, ils reconnaissent bien qu'il faut, pour les conserver à notre industrie, en défendre l'exportation, ou du moins imposer des droits de sortie assez forts pour équivaloir,

(1) Cette mesure, qui serait peut-être susceptible d'être combattue en d'autres tems par des objections assez puissantes, paraît commandée aujourd'hui par les circonstances qui ont suivi la révolution.

dans les cas ordinaires, à une prohibition ; mais ils sont étonnés qu'un pareil moyen ait été admis pour celles qui nous sont fournies par l'étranger ; ce qui, dans leur opinion, nuit à nos manufactures, en même-tems qu'il en résulte pour l'État la perte d'un revenu immense.

Et en effet, les droits de sortie en France, sur les matières premières venant de l'étranger, n'ont plus eu d'objet ; leur seule action a été de priver l'État d'un tribut que l'industrie étrangère aurait pu lui payer, et nos manufactures, d'une abondance que la situation de la République aurait dû lui procurer.

Ils observent que souvent le commerce en France, est assujetti à des impositions qui contrarient ses efforts, tandis qu'en Angleterre, l'industrie active reçoit des primes , le talent qui prospère, des récompenses et des prérogatives ;

Que le Gouvernement anglais paraît avoir eu pour maxime de consulter les négocians et de prendre leurs avis sur tout ce qui peut intéresser le commerce ;

Ils espèrent beaucoup sur-tout des primes, prix et gratifications accordées à ceux qui entreprennent d'établir en France des manufactures d'une industrie nouvelle, aux artisans qui apportent ou exécutent les mécaniques anglaises , à ceux qui entreprennent en grand des ateliers de filature, ou qui mettent en usage les moyens ingénieux des Anglais pour simplifier la main-d'œuvre et perfectionner la fabrication ;

Ils croient qu'il ne pourrait être que très-avanta-

geux à l'État et au commerce, d'assurer aux fabricans des primes en proportion du nombre des ouvriers qu'ils emploieraient, et des gratifications sur
celles de leurs exportations à l'étranger qui provien-
draient d'une branche d'industrie moins connue, ou
qu'il faudrait chercher à favoriser davantage, en raison de son utilité plus générale ;

Ils désirent sur-tout que le Gouvernement puisse
continuer ses recherches et les exploitations de nouvelles mines de charbon de terre et autres minéraux,
qui sont d'une nécessité si absolue pour hâter le moment, où, sur plus d'une branche d'industrie, nous
parviendrons à ne plus craindre la concurrence de
nos ambitieux voisins.

§. III. *Réflexions sur le Traité de Commerce fait
avec l'Angleterre, en* 1786.

« Si la France et la Grande-Bretagne voulaient ne consulter que leurs véritables intérêts, sans écouter la jalousie
mercantile et sans se laisser aveugler par l'animosité nationale, le commerce de France pourrait être plus avantageux pour la Grande-Bretagne, que pour tout autre pays, et
par la même raison, celui de la Grande-Bretagne pour la
France. La France est le pays le plus voisin de la Grande-
Bretagne. Dans le commerce d'entre les côtes méridionales
de l'Angleterre et les côtes du nord et du nord-ouest de la
France, on pourrait s'attendre à des retours, comme dans
le commerce intérieur, répétés quatre, cinq ou six fois dans
l'espace d'une année. Ainsi le capital employé dans le commerce, pourrait, dans chacun de ces deux États, entretenir en activité quatre, cinq ou six fois autant d'industrie,
et fournir de l'occupation et des moyens de subsistance à
quatre, cinq ou six fois autant de personnes que le pourrait

faire un pareil capital dans la plupart des autres branches
du commerce étranger.

» AD. SMITH, *Recherches sur la nature et les causes
de la richesse des Nations*, livre 4, chap. 3) ».

Tout grand changement opéré dans le systême
commercial d'un État, lorsqu'il a pour but d'ouvrir
de nouvelles relations, doit produire des résultats
qui donnent lieu à des intérêts opposés.

D'une part, des débouchés nouveaux, acquis
dans l'étranger, favorisent certaines branches de
l'agriculture et du commerce intérieur;

De l'autre, les importations, qui succèdent à un
systême ou à des droits d'entrée prohibitifs, doivent
nuire momentanément à cette partie de l'industrie
manufacturière dont l'imperfection des produits ne
peut être rigoureusement compensée par le nivellement des droits.

Ainsi, tout traité de commerce à faire avec un
peuple étranger, ne peut procurer des avantages, sans donner lieu à de nombreuses réclamations (1) ; et comme ceux qui gagnent ne prônent
pas autant les changemens qui les favorisent, que
ceux qui perdent réclament vivement contre les in-
novations qui nuisent à leurs intérêts particuliers,
il en résulte que les plaintes continuelles de
ceux-ci parviennent à former, avec le tems, une
espèce d'opinion publique d'autant plus erronée,

_____

(1) Il serait absurde de prétendre que dans ce cas, tout
l'avantage dût être d'un côté.

E 4

qu'elle se compose alors d'opinions intéressées, ou de jugemens qui ne peuvent être motivés d'après une comparaison , faite avec exactitude , de la somme du bien et de celle du mal provenant du traité qu'on blâme.

Je suis loin de vouloir nier que le dernier traité de commerce fait par la France avec l'Angleterre , n'ait occasionné des pertes considérables à plusieurs branches de notre industrie manufacturière.

Mais ce principe n'en était pas moins sage , qui opposait à une contrebande préjudiciable à l'État et au commerce , des droits , lesquels, n'étant pas plus élevés que la valeur des assurances exigées par les contrebandiers, avaient le double but de faire profiter l'État du montant de ces assurances, et de le mettre à même d'accorder aux fabricans français des primes qui devaient leur fournir des moyens de repousser plus efficacement l'effet de la concurrence étrangère.

Le ministère eut un tort, dont, à la vérité, les suites furent funestes , et qu'il eût pu éviter en partie.

Le principe d'un traité reconnu avantageux, il fallait faire précéder l'exécution de ce traité , nonseulement par tout ce qui devait concourir à son plus grand avantage , mais même par tout ce qui pouvait en diminuer les inconvéniens.

Il fallait, ainsi qu'on l'observa avec tant de soin en Angleterre , consulter le commerce, que cette nouvelle mesure avait pour but de favoriser,

Prendre son avis sur les encouragemens prépara-
toires et indispensables à lui accorder ;

Sur les réglemens, alors existans, à réformer ;

Sur les droits de douanes à supprimer ou à modi-
fier, comme contraires à ses efforts ;

Sur les métiers et les instructions nécessaires à dis-
tribuer, afin de rendre publics des procédés inconnus
encore alors, ou réservés à quelques priviléges exclusifs, toujours opposés à l'extension et au progrès
des connaissances ;

Sur la prohibition de certaines étoffes de laines, à
maintenir en France, à l'instar des Anglais, qui ex-
clurent du traité nos étoffes de soie, etc.

Malheureusement, rien de tout cela ne fut fait,
ou du moins les mesures prises à cet égard furent
très-imparfaites ; et comme les Anglais se trouvèrent
dans [une position bien différente, les avantages du
traité s'accrurent pour eux d'une manière infiniment préjudiciable à la France (1).

_____

(1) Malgré les pertes que le traité peut avoir occasionnées à la France, si on compare l'état où était notre industrie manufacturière avant cette époque, et celui où elle est
parvenue après, on ne pourra pas méconnaître que cette
circonstance a infiniment hâté ses progrès pour tout ce qui
a eu à soutenir la concurrence des Anglais.

Avant le traité, les fabricans français semblaient n'avoir
en vue que la fourniture intérieure de l'Etat, pour laquelle
des lois prohibitives, quoique mal observées, et une ancienne habitude des consommateurs semblaient leur assurer
un privilége exclusif.

L'effet du traité a mis dans un plus grand jour l'infériorité

Les pertes considérables qui sont provenues de ce traité, ont donné lieu aujourd'hui à une prévention presque générale contre tout traité de commerce avec l'Angleterre.

Mais cette prévention est-elle juste, est-elle affranchie d'opinions intéressées, appuyée sur des motifs sages et éclairés, et n'existe-t-il aucun moyen respectivement avantageux de former avec l'Angleterre un traité ; lequel :

Sous les rapports politiques (1), puisse donner lieu

---

de notre fabrication ; mais il a donné lieu à des recherches sur les causes de cette infériorité, qu'on avait moins d'intérêt de connaître auparavant.

Le système prohibitif entretenait une sécurité indolente, contraire aux progrès de l'industrie.

La nécessité de soutenir la concurrence a déterminé l'émulation active qui les favorise.

Le débouché de l'étranger est le prix du plus habile et du plus industrieux, favorisé par son Gouvernement, de la manière la plus efficace.

Les Anglais en jouissent en ce moment ; sachons leur en enlever une partie : avec le tems, quelques efforts et des encouragemens, nous le pourrons . toutes fois que le bas prix des matières premières n'y apportera point un obstacle insurmontable.

(1) Un des motifs qui, dans mon *Mémoire Historique et Politique sur le Commerce de l'Inde*, me fit citer en faveur de la liberté de ce commerce, la possibilité d'une rupture avec une des grandes puissances maritimes de l'Europe, et l'envahissement de nos propriétés dans l'Inde, qui en serait la suite, fut l'incertitude que la paix avec l'Angleterre, sans traité de commerce qui la cimentât, semblait

à un état de paix durable, et sous les rapports commerciaux, augmente considérablement le débouché
de plusieurs de nos denrées et de nos produits, et
excite une concurrence propre à donner par la suite
plus d'extension à nos relations commerciales dans
l'étranger.

Je ne me dissimule point qu'une discussion de
cette importance est bien au-dessus de mes forces :
pour approfondir une question pareille, il faudrait
rassembler les lumières des hommes les plus instruits
en matière d'administration, de finances et de commerce. Les provoquer en ce moment, est peut-être
une erreur de mon zèle, mais mon intention est
louable; et sans chercher à entrer ici dans une
plus longue discussion, je vais du moins émettre
succinctement quelques réflexions relatives à cet
objet.

La triple armée d'employés établie en première,
seconde et troisième ligne de nos frontières, et les
lois dont il a fallu augmenter graduellement la sévé-
rité pour soutenir notre système actuel des douanes,

---

me présenter. Le traité d'Amiens et le besoin réciproque de
la paix, paraissaient devoir être deux titres suffisans; l'expérience a prouvé le contraire. L'usage des Anglais, qui
accordent des crédits de long terme à leurs correspondans
en France, tandis que nous ne leur en faisons que de quelques mois, sera toujours pour leur Gouvernement un frein
qui devra nous rassurer davantage sur la durée de nos traités politiques avec lui, lorsqu'ils seront cimentés par les
avantages réciproques d'un traité de commerce............

ont des effets funestes, ainsi que nous avons déjà eu occasion de le reconnaître.

D'une part, les frais de perception sont énormes ; de l'autre, la fraude, que la surveillance n'empêche pas, fait un tort infini au commerçant honnête qui n'en profite point , pour favoriser celui qui apporte moins de scrupules à ses opérations.

L'intérêt de nos manufactures est le prétexte de ce systême ; l'espérance de grossir les revenus de l'État en est le motif; mais ce motif louable a des résultats qui ne sont avantageux qu'en apparence , tandis qu'en réalité ils paralysent le commerce et sont extrêmement onéreux à l'État.

N'y a-t-il donc aucun moyen d'encourager nos fabriques, sans que ce soit aux dépens des consommateurs ? Les consommateurs sont aussi des Français ; à ce titre , ils ont les mêmes droits à la protection du Gouvernement.

On se récrie, en général, sur l'effet des priviléges exclusifs.

Mais le systême prohibitif n'est-il pas, au fait, un privilége exclusif accordé à un petit nombre de citoyens de l'État (les fabricans), au préjudice de la majorité (tous les consommateurs) ?

Il y a plus encore: ce privilége exclusif n'est-il pas accordé à quelques fabricans (1) aux dépens d'un

---

(1) Je n'entends pas dire pour cela qu'il faille adopter un principe de liberté entière. La liberté ne doit s'exercer indéfiniment que dans les cas où la concurrence est possible, et entre deux nations également industrieuses et actives , la

grand nombre d'autres; et les propriétaires fonciers ne doivent-ils être comptés pour rien, eux surtout qui, depuis si long-tems, sont les plus forts imposés de l'État?

Le sol de l'Angleterre, infiniment moins riche et plus borné que le nôtre, ne lui fournit aucune récolte en produits naturels qui puisse valoir, à beaucoup près, celle de nos vins. Aussi, le Gouvernement anglais a-t-il cherché à s'en dédommager, en favorisant, par tous les encouragemens possibles, une plus grande abondance de ses produits industriels de culture, si je puis désigner ainsi sa récolte de laines et de certains bestiaux.

Le défaut d'un traité avec cette nation (1) enlève à nos propriétaires en vins, le débouché qui donnerait

---

concurrence est possible pour tous les genres de fabrication dans lequel le bas prix ou la qualité supérieure des matières premières, ou quelque propriété particulière de localité n'offrent pas une différence toute à l'avantage de l'une, et toute au préjudice de l'autre, comme pour les étoffes de petits lainages; et encore, dans tous les cas, la différence de prix des matières premières, et même la supériorité de la fabrication, peuvent-elles être combattues par des droits d'entrée qui nivellent les prix pour la nation qui ne trouve chez elles ces matières premières qu'à un prix beaucoup plus élevé, ou dont l'industrie n'est ni aussi active, ni assez encouragée pour atteindre la supériorité des produits de la nation concurrente.

(1) L'objection provenant de la différence de population a déjà été répondue. Il est positif que quinze millions de consommateurs en général, beaucoup plus riches, dé-

le plus de valeur à leurs produits de ce genre: car les Anglais peuvent plus qu'aucun autre peuple mettre à nos vins de grand cru le haut prix dont ils sont susceptibles.

Cependant, cette branche si précieuse de notre agriculture a le triple avantage de donner des produits du plus grand prix, d'occuper à son exploitation un plus grand nombre de bras, et de faire valoir les terreins les plus ingrats et qui ne seraient propres à aucun autre genre de culture (1).

Nos fabriques de linons batiste, celles de savon, etc. nos huiles, nos vinaigres, nos eaux-de-vie, nos fruits secs et confits, nos ouvrages de mode, etc. n'obtiendraient-ils pas également des avantages considérables par la possibilité de leur exportation (2) pour l'Angleterre?

---

pensent presqu'autant que trente millions de consommateurs qui jouissent proportionnellement d'une fortune beaucoup moindre. La consommation est plus relative à la fortune qu'à la population.

(1) Indépendamment de ces avantages, la culture des vignes a celui d'influer sur la population. Il faut 6 à 700 personnes pour cultiver cinq cents arpens de vignes, tandis qu'avec cinq ménages ordinaires, on peut labourer la même quantité de terres.

(2) Le port de Dunkerque seul, dans le tems de sa franchise, offrait un débouché facile à 18,000 pièces d'eau-de-vie et 8,000 tonneaux de vins, ainsi que nous le verrons à l'article des franchises de port, *page* ci-après. Ces vins et eau-de-vie passaient en très-grande partie en Angleterre, par l'effet du commerce interlope qui avait lieu

Et remarquez encore, que les Anglais ne peuvent

alors : on ne niera pas, sans doute, que cette quantité d'exportations serait bien plus considérable, s'il existait un traité
de commerce avec cette nation.

Or, 18,000 pièces d'eau-de-vie et 8,000 tonneaux de vin
de Bordeaux, ou autres, propres à la consommation de la
Grande-Bretagne, donneraient lieu, d'après les prix actuels, à une exportation de la valeur de quinze à seize
millions.

On peut juger par-là de la facilité que nous aurions à
égaler, par nos exportations, la somme des importations
qui pourraient nous venir d'Angleterre, d'après un traité
sagement limité ; lors même qu'il faudrait prendre pour base
cette erreur du système mercantille, d'après laquelle il n'y a
de relations commerciales vraiment avantageuses, que celles
qui nous rendent créanciers des nations étrangères.

Le prix très-élevé qu'ont valu les vins et eaux-de-vie de
Languedoc, et autres, depuis la révolution, est une des
causes qui a le plus contribué à augmenter la somme de nos
exportations.

Le Languedoc, plus favorisé par la température de son
climat, a eu des récoltes abondantes, tandis que celles de
la Guyenne, de la Bourgogne, et autres, avaient beaucoup souffert des gelées. La valeur des vins en Languedoc,
depuis sept à huit années, y a excité une telle émulation,
qu'on a planté des vignes sur tous les terreins auparavant in-
cultes qui en ont paru susceptibles ; que plusieurs propriétaires ont même changé la nature de leurs récoltes pré-
cédentes, ce qui en augmentera les produits à un point
qu'il serait difficile d'apprécier. Mais les premières années
d'une récolte de ce genre, généralement abondante en

nous fournir, en général, que des objets d'industrie; qu'avec des encouragemens efficaces obtenus du tems, une émulation active et la bienveillance du Gouvernement, nous pouvons porter chez nous au même degré de perfection; tandis que nous n'aurons jamais à craindre qu'il leur soit possible d'avoir le même avantage pour la fabrication de plusieurs de nos produits industriels, dont la supériorité tient à des causes locales, telles que la qualité des eaux pour le savon, certaines teintures, etc. ou pour le débouché de nos denrées, produits privilégiés de notre sol.

Il existe donc des moyens de compensation respectivement utiles. Mais afin de pouvoir les apprécier sous des rapports plus positifs, examinons quels

---

France, vont fournir dans les départemens du Gard, de l'Hérault, ect. sur-tout, une telle quantité de vins, qu'il est à craindre que les propriétaires n'en soient réduits à laisser leur récolte pendante, parce que le prix du vin ne rembourserat pas le montant de leurs frais. J'ai vu mon père, en 1784, offrir de rendre un tonneau plein de vin à celui qui lui en donnerait deux vides, quelques-uns de nos voisins obligés de faire vider leurs citernes pour y loger leur récolte, et d'autres laisser le raisin sur les souches. L'eau-de-vie valut 9 livres le quintal, le vin de 15 à 18 liv. la mesure de 90 veltes, ou 720 pintes de Paris. Quoique ces vins ne soient pas recherchés pour l'Angleterre, on conçoit cependant que le prix de ceux de Bordeaux, où on en envoie très-souvent, doit influer surles leurs; ils fournissent des eaux-de-vie de très-bonne qualité.

Une pareille branche d'agriculture mérite bien aussi qu'on fasse quelque chose pour ses débouchés.

sont

sont ceux qui paraissent présenter le plus d'avantages aux Anglais.

Il y a cinq branches d'industrie manufacturière dans lesquelles les Anglais ont, sur nous, une supériorité plus ou moins certaine et plus ou moins difficile à atteindre.

Les étoffes de coton,

Celle de petits lainages,

Les fayenceries,

Les clincailleries,

Et les ouvrages de cuir.

Nous avons déjà vu que l'avantage qu'ils ont sur nous relativement aux étoffes de coton, peut être combattu avec succès, au moyen de quelques encouragemens, et les résultats obtenus dans ce genre jusques à aujourd'hui, semblent en fournir la preuve.

Quant aux étoffes de petits lainages, l'obstacle est réel, puisqu'il tient au plus bas prix de la matière première en Angleterre; mais cet obstacle n'existe que sur les draperies ou étoffes faites avec la laine anglaise qui tiennent le milieu entre les draps fins fabriqués avec des laines d'Espagne seulement, et les grosses étoffes à l'usage des habitans peu fortunés de nos campagnes.

Le Gouvernement a reconnu depuis long-tems la nécessité de perfectionner la qualité de nos laines indigènes; il a fait venir des béliers espagnols, et les succès de l'établissement de Rambouillet sont déjà connus; mais il serait à désirer que les élèves qui sont

F

faits dans cet établissement, au lieu d'être vendus, fussent distribués à titre de récompense ou d'encouragement, aux cultivateurs qui entretiendraient un certain nombre de moutons, ou qui feraient le plus de progrès dans le perfectionnement des laines de leurs troupeaux.

Ce sacrifice à faire ne serait pas bien coûteux, et il donnerait lieu à une émulation qui aurait les plus heureux effets.

Nous avons une supériorité bien décidée sur toutes les nations étrangères pour les porcelaines, tant pour la pâte, pour les biscuits, que pour les peintures et l'élégance des formes; mais les fayenceries anglaises valent mieux que les nôtres, ou peuvent du moins être obtenues à plus bas prix.

Le seul obstacle qui s'oppose aux efforts des fabricans français dans ce genre, est le prix trop élevé du combustible : car il est reconnu que nous avons en France les terres les plus propres aux fayenceries.

Cela est si vrai, que les Anglais ont souvent tiré de Normandie et de Bretagne une grande partie des terres blanches et bleues nécessaires à leurs belles poteries; qu'ils importaient ces terres par les ports de Liverpool et de Bristol, d'où ils les voituraient jusques à leurs fabriques, situées dans l'intérieur du Royaume.

Or, puisque nous avons sur notre sol même, la matière première essentielle à cette fabrication, qu'ils ont long-tems trouvé de l'avantage à transporter chez eux ; plus nos fabriques de ce genre pourront être rapprochées des lieux qui fournissent le combustible qui leur manque, et plus le bénéfice de leur fabrication sera assuré et devra les mettre à même de ne pas craindre la concurrence des Anglais.

Mais en supposant que ces rapprochemens de localités pussent entraîner de grands inconvéniens, si une pareille concurrence pouvait être à craindre par l'effet de quelque circonstance imprévue, ou qu'il convînt de favoriser davantage le débouché de ces fayenceries dans l'étranger, serait-il dangereux, en tems de paix, d'accorder à nos fabricans de ce genre la faculté de tirer des charbons d'Angleterre, tout comme le Gouvernement anglais autoriserait les siens à importer nos terres propres à cette fabrication, si sur-tout cette faculté accordée à nos fayenciers n'avait lieu que pour des quantités relatives à la valeur des produits de leur fabrique qu'ils enverraient à l'étranger.

En clincailleries, il est plusieurs articles dans lesquels nous égalons les Anglais, et quelques-uns même dans lesquels nous les surpassons.

Quant aux ouvrages de cuir, l'établissement de Pont-Audemer a suffisamment prouvé qu'il était possible de porter cette branche d'industrie à un degré de perfection qui redoutât beaucoup moins la concurrence des Anglais. Cet établissement subsiste toujours sans qu'il ait besoin de jouir des mêmes faveurs que l'ancien Gouvernement lui accordait : et depuis lors, les superbes tanneries de M. Séguin, et les nouveaux procédés employés par ce fabricant peuvent servir de nouvelles preuves des progrès que nous avons faits dans cette fabrication depuis que les droits de marque, qui lui étaient si onéreux, ont été supprimés.

Après avoir émis quelques réflexions sur le principe d'un traité, sur les avantages politiques qui peuvent en résulter respectivement pour les deux nations, sur la possibilité des compensations à établir, au moyen de quelques encouragemens particuliers, d'une révision impartiale du tarif des douanes, et d'un nivellement de droits plus ou moins gradué, en raison du plus ou moins d'obstacles à surmonter; si nous cherchons à connaître les causes qui ont ajouté au préjudice occasionné par le dernier traité à la France, nous aurons occasion d'en rappeler ici quelques-unes, qui, dans le tems, ont été apperçues, et qu'il n'était pas impossible à beaucoup près de faire cesser.

Le bas prix des évaluations donné aux marchandises anglaises introduites en France, occasionna une réduction de droits qui eut les effets les plus funestes, puisqu'elle détruisit le nivellement qui avait été établi en faveur de nos manufactures.

Avant le traité, il en coûtait huit, dix et douze pour cent d'assurance pour l'entrée en contrebande, en France, des marchandises anglaises:

Par le traité, ces marchandises furent légalement

admises, moyennant un droit de douze pour cent de leur valeur.

Mais les déclarations de valeur furent faites d'une manière si frauduleuse, qu'il est positif que la majeure partie des objets introduits par les Anglais, ou de chez eux, fut portée à un prix du quart, de la moitié, des deux tiers, et quelquefois plus encore de leur valeur réelle :

Cependant la ferme générale était autorisée à saisir tout ce qui lui paraîtrait évalué à trop bas prix, en payant les marchandises sur l'évaluation desquelles elle supposerait de la fraude, dix pour cent au-dessus de l'estimation qui leur avait été donnée. Le ministère avait bien reconnu la nécessité de cette précaution pour maintenir, en faveur de nos manufactures, un nivellement indispensable. Mais, soit crainte, soit vice d'administration, ou défaut de fonds suffisans affectés à cette utile répression, la valeur des déclarations ne fut pas surveillée et l'abus en fut excessif (1).

Ensuite, la misérable chicane élevée par les Anglais, sur l'acception de ces mots *cabinet-ware and Turnery*, au moyen de laquelle ils prétendirent avoir la faculté d'exclure du traité, et de saisir en

_____

(1) Il fut tel, que des rasoirs anglais furent introduits à raison d'une évaluation de deux sols par rasoir : à la vérité, la ferme générale ne craignit pas, dans cette occasion, de saisir ces rasoirs, en les payant, conformément au traité, dix pour cent en sus de l'évaluation qui leur avait été donnée.

F 3

Angleterre, un grand nombre de nos articles de clin-
caillerie et de tabletterie, attendu que ces mots *cabinet-ware and Turnery*, ne désignent que des ouvrages de marquetterie et ceux faits au tour.

Les tracasseries vétilleuses de leur douane, sur les
formalités à observer, sur la quantité de chaque en-
voi qui était saisissable toutes les fois qu'elle était
plus ou moins forte que le texte de leur tarif ne la
spécifiait, sans égard pour l'article 10 du traité,
qui voulait qu'on ne pût sévir que dans les cas qui
présenteraient une apparence manifeste de fraude ;

Le refus de reconnaître nos anciens consuls de
commerce, etc. ;

Furent autant de causes qui augmentèrent pour
nous le mal qui provint du traité, mais qu'il eût été
possible de faire cesser.

L'expérience acquise à ce sujet, nous fournira,
du moins pour l'avenir (si jamais il y a lieu) les
moyens d'assurer l'exécution d'un nouveau traité
d'une manière plus favorable à nos intérêts et moins
sujette à des difficultés de ce genre (1).

---

(1) Ces divers faits sont extraits de la *Réponse au Mémoire de la Chambre de Commerce de Normandie*. J'ai
cru devoir les rappeler ici, parce qu'en général, ils sont
peu connus. J'engage ceux de mes lecteurs qui seraient bien
aises de se procurer une connaissance plus approfondie du
traité de commerce de 1786, des motifs qui y ont donné
lieu et des effets qui en sont provenus, à lire attentivement
cet Ouvrage, dont je regrette de ne pas connaître l'Auteur,
qui paraît avoir voulu rester anonyme.

Il existe un préjugé commercial tellement accrédité depuis deux siècles, qu'il a donné lieu à des travaux immenses, à des guerres fréquentes, pour maintenir dans presque tous les États les avantages que l'on croit dériver de ce système erroné qu'on désigne sous le nom de *balance de commerce*.

Le célèbre Adam Smith, dont les méditations profondes et les discussions lumineuses ont porté un si grand jour sur la science de l'économie politique, a démontré, de la manière la plus claire, la plus précise et la plus convaincante, l'absurdité de ce système.

Par quelle fatalité l'erreur triomphe-t-elle aussi long tems de la vérité la mieux démontrée.

Plusieurs hommes d'état, et la presque totalité des négocians, sont encore imbus de ce préjugé ; et comme on a prétendu en faire une des plus fortes preuves de l'avantage considérable que donnerait aux Anglais un traité de commerce qui les mettrait à même de nous fournir des importations presque doubles de nos exportations, et qu'en résultat, nous devrions solder en numéraire, il ne sera pas inutile de reproduire ici, succinctement, quelques-unes des objections qui ont déjà été faites à ce sujet.

Le commerce n'est qu'un échange de valeurs. Le plus ou moins de valeurs échangeables constitue le plus ou moins de richesses.

Les métaux, comme l'or, l'argent, etc., sont des valeurs prises pour mesures, parce qu'elles sont plus portatives et moins sujettes à se détériorer, ce qui les a fait généralement adopter.

Mais, *on a de l'or, comme toute autre marchandise, pour sa valeur, pourvu qu'on ait cette valeur à en donner.*

Ainsi, l'or et l'argent ne constituent pas plus les richesses que toute autre valeur moins commode et toute aussi certaine.

Une pièce de cinq francs ne peut jamais acquérir qu'une très-petite valeur au-dessus de sa valeur nominale de cinq francs.

Mais une demi-livre de chanvre, de lin, etc. qui n'a d'abord qu'une valeur de quatre à cinq sols, peut, lorsqu'elle a été préparée, filée et tissée, faire une aune de toile qui vaudra dix francs.

Soit que vous vouliez vous procurer une pièce de cinq francs, soit que vous vouliez avoir une demi-livre de chanvre, il faut toujours, pour que vous puissiez acquérir l'un ou l'autre de ces objets, que vous ayez la valeur équivallente à en donner. Mais puisque la valeur d'une demi-livre de chanvre est quarante fois moindre que celle d'une pièce de cinq francs, et qu'après avoir préparé, filé et tissé cette demi-livre de chanvre, elle peut acquérir, selon le plus ou le moins de perfection de travail, une valeur double de la pièce de cinq francs, il est incontestable que le travail est ce qui contribue le plus à augmenter la quantité des valeurs échangéables, c'est-à-dire, des richesses.

Ainsi, celle de deux nations qui saura le mieux

diriger et le plus favoriser les efforts de l'industrie, c'est-à-dire, la multiplication du travail, sera celle qui finira par devenir la plus riche.

Chaque nation a des denrées ou des produits d'industrie surabondans, qui sont des produits privilégiés de son sol, ou qui proviennent du plus ou moins de perfection de ses institutions sociales.

Sous ces deux rapports, la France a la possibilité de faire des échanges avantageux avec toutes les nations du monde connu ; et puisqu'on a de l'or, comme toutes les autres marchandises, pour sa valeur, pourvu qu'on ait cette valeur à en offrir, si vous donnez de l'or aux Anglais, ou à tous autres, ce ne sera que contre des valeurs équivallentes : dès-lors, où sera le préjudice que vous occasionneront des échanges avec eux; voilà quant au solde en numéraire (1).

Poursuivons et examinons le prétendu résultat de la balance commerciale.

La balance de commerce d'un État ne peut pas être considérée sous des rapports différens de la balance de commerce d'un négociant en particulier, et le solde du compte particulier d'une nation étran-

_____

(1) « Parmi toutes les absurdités de cette théorie qu'on a » imaginée sur la balance du commerce, on ne s'est jamais » avisé de prétendre, ou que la campagne perd dans son » commerce avec la ville, ou que la ville perd par son » commerce avec la campagne, qui la fait subsister. Smith, liv. 3, chap. 1, tom. 2, f. 405. »

gère, soit qu'il forme une créance, soit qu'il constitue une dette, ne prouve pas plus contre l'avantage ou le désavantage du commerce de la nation qui doit ce solde, ou à laquelle il est dû, que le solde de compte d'un des correspondans d'un négociant ne prouverait l'avantage ou le désavantage du commerce particulier de ce négociant.

Tous ces soldes de compte se compensent les uns par les autres, et en résultat; si le négociant a fait des profits, la somme due à ses créanciers se trouve être moindre que celle que ses débiteurs lui doivent, ce qui augmente d'autant son capital : s'il a fait des pertes, la somme qu'il doit à ses créanciers est devenue plus forte que celle qui lui est due par ses débiteurs, et alors son capital a diminué.

De même un État peut gagner ou perdre, quelque soient le nombre et la nature de ses créanciers ou de ses débiteurs, qui sont les autres États étrangers.

Si les produits de son agriculture, de son commerce et de son industrie manufacturière, qui forment la masse et la nature de ses affaires, excèdent les dépenses de sa consommation, alors l'État a plus recueilli qu'il n'a dépensé; il a fait des profits : la somme due par lui aux nations qui sont ses créancières, est moindre que celle qui lui est due par les nations qui sont ses débitrices, et son capital est augmenté :

Si, au contraire, les dépenses de sa consommation ont excédé les produits de son agriculture, de son commerce et de son industrie manufacturière, l'État a fait des pertes : la somme qui lui est due par les nations qui sont ses débitrices est moindre que celle qu'il doit aux nations qui sont ses créancières, et alors son capital a diminué.

Ainsi, une nation, comme un négociant, peut éprouver trois manières d'être différentes ; il peut y avoir dans sa balance,

État stationnaire,

État croissant,

État décroissant de prospérité publique.

Je vais mettre ces trois différens états sous les yeux des lecteurs, afin de leur démontrer,

Que les soldes de balance avec ces diverses nations doivent, comme les soldes de compte de la balance particulière d'un négociant, se compenser les uns par les autres ;

Que telle nation peut être indistinctement créancière ou débitrice, ce qui ne change rien au résultat général de la balance, et que toujours l'excédent ou la diminution des produits annuels relativement à la consommation, constituent le bénéfice ou la perte que l'État a dû éprouver ;

Que l'égalité entre ces produits annuels et la consommation, représente dans la balance n°. 1, l'état stationnaire ;

Que lorsque *la valeur échangeable du produit annuel* (1) *excède celle de la consommation annuelle, le capital doit nécessairement grossir an-*

_____

(1) AD SMITH.

nuellement, à proportion de cet excédent (comme dans la balance n°. 2); *dans ce cas, la société vit sur ses revenus, et tout ce qu'elle épargne annuellement de ses revenus, s'ajoute naturellement à son capital ;*

Que si, *au contraire, la valeur échangeable du produit annuel est au-dessous de la consommation annuelle* (comme en la balance n°. 3), *le capital de la société doit dépérir annuellement à proportion de ce déficit. Dans ce cas, la société dépense au-delà de ses revenus, et nécessairement entame son capital. Son capital doit donc nécessairement aller en diminuant, et avec lui, en même-tems, la valeur échangeable du produit annuel de l'industrie nationale.*

BALANCE, N°. I.

État stationnaire.

Soient les relations commerciales étrangères, réparties de la manière suivante :

Nations débitrices par soldes de compte.		Nations créancières par soldes de compte.	
	millions.		millions.
Espagne.	120	Angleterre.	100
Portugal.	20		
Allemagne.	50	Italie.	50
Suède.	10	Russie.	10
Danemarck.	10	Américains.	50
Consommation de la France.	100	Produit annuel de la France.	100
	310		310

BALANCE, N°. II.

État croissant de prospérité publique.

Nations débitrices.		Nations créancières.	
	millions.		millions.
Espagne.	120	Angleterre.	100
Portugal.	20		
Allemagne. . . .	50	Italie.	50
Suède.	10	Russie.	10
Danemarck. . .	10	Américains.	50
Consommation de		Produit annuel de	
la France. . .	100	la France. . . .	150
	310		360
Profits pour			
la France. . .	50		
	360		

BALANCE, N°. III.

État décroissant de prospérité publique.

Nations débitrices.		Nations créancières.	
	millions.		millions.
Angleterre. . .	100	Espagne.	120
		Portugal.	20
Italie.	50	Allemagne.	50
Russie.	10	Suède.	10
Américains, . .	50	Danemarck, ...	10
Consommation de		Produit annuel de	
la France. . .	150	la France. . . .	100
	360		310
		Perte pour	
		la France.	50
			360

Dans la balance n°. 3, j'ai mis à dessein l'Angleterre au nombre des nations débitrices par solde de

compte avec la France, ce qui n'empêcherait pas
que dans ce cas il n'y eût de la perte.

Tout comme on a dit en France que la balance
était en faveur de l'Angleterre, de même on a dit, en
Angleterre, que la balance était favorable à la France.

Mais «quand même il serait constant (dit Smith)
que dans le cas d'une liberté de commerce entre la
France et l'Angleterre, par exemple, *la balance*
dût être en faveur de la France, il ne s'ensuivrait
nullement pour cela qu'un tel commerce dût être
désavantageux à l'Angleterre, ou que la balance
générale de la totalité du commerce anglais dût en
être pour cela plus défavorable. Si les vins de France
sont meilleurs et moins chers que ceux de Portugal,
ou les toiles meilleures et moins chères que celles
d'Allemagne, il sera plus avantageux à la Grande-
Bretagne d'acheter de la France plutôt que du Portugal et de l'Allemagne, les vins et les toiles qu'elle a
besoin de tirer de l'étranger. Quoique par-là la valeur
de nos importations annuelles de France se trouvât
fort augmentée, néanmoins la valeur de la somme
totale de nos importations diminuerait de toute la
quantité dont les marchandises françaises de la
même qualité seraient moins chères que celles des
deux autres pays : c'est ce qui arriverait même dans
le cas où la totalité des marchandises françaises importées serait pour la consommation de la Grande-
Bretagne; mais une grande partie de ces marchandises pourrait être réexportée à d'autres pays ,
où, étant vendue avec profit, elle rapporterait
un retour équivallent peut-être au premier coût

total des marchandises françaises importées. »

Ainsi, *par tout pays*, *l'intérêt de la masse du peuple est toujours et doit être nécessairement d'acheter tout ce dont on a besoin de ceux qui le vendent à meilleur marché*, et ce système vaut mieux, sans contredit, que les conséquences spécieuses ou erronées qui résultent de celui de la balance de commerce (1).

Je ne me dissimule pas qu'il existe contre l'opinion que je viens d'émettre, une grande prévention ; mais lors même qu'il ne resterait que des doutes sur la possibilité de faire dans la suite avec l'Angleterre un traité de commerce réciproquement avantageux, nos intérêts politiques et commerciaux exigeraient un examen approfondi avec impartialité de cette importante question.

Si un traité de commerce avec l'Angleterre présente des inconvéniens, peut-on méconnaître que le système prohibitif qui lui est opposé n'a pas eu jusqu'ici tout l'effet qu'on en avait attendu ; et le principe d'un traité rejeté, ne serait-il pas possible au moins de songer à tenter quelques échanges particuliers, qui auraient le double motif d'établir des compensations utiles et de préparer les voies qui pourraient nous conduire à donner à ces compensations plus d'extension et plus d'avantages (2)?

_____

(1) Comment établir, d'ailleurs, cette balance ? Il faudrait d'abord s'assurer de la vérité des déclarations faites aux douanes; et comment constaterait-on ensuite les importations ou les exportations faites en contrebande ?

(2) Malgré la surveillance active des douanes et les lois

§. IV. *Des Franchises des Ports.*

« A proportion qu'un pays, qu'une ville a ouvert ses
» ports à toutes les nations, au lieu de trouver sa ruine dans
» cette liberté de commerce, elle y a trouvé une source de
» richesses ; quoique pourtant, s'il y a en Europe quelques
» villes, qui, à certains égards, méritent le nom de port
» libre, il n'y a pas de pays auquel on puisse donner abso-
» lument ce nom ».

SMITH, *Recherches sur la Nature et les Causes de
la Richesse des Nations.*

Nous avons déjà eu occasion d'observer que les
grandes questions commerciales ont toujours des intérêts opposés. Quelquefois aussi elles contrarient
des systêmes ou des préjugés existans. Dès-lors leur
solution peut paraître d'autant plus incertaine, qu'elle
ne doit pas être la conséquence seule du raisonnement.

---

rigoureuses qui existent à ce sujet, il entre encore des marchandises anglaises en France : il serait difficile de le méconnaître. De plus, le besoin indispensable que nous avons
de mousselines, pour remplacer celles de l'Inde qui nous
manquent, ou qui sont beaucoup plus chères, a fait admettre les mousselines étrangères, moyennant certains
droits. La consommation de la France est immense dans ce
genre.

Un traité nous mettrait du moins à même de fournir
aussi quelques objets aux Anglais. L'Etat y gagnerait le bénéfice du contrebandier, ou, tout au moins, celui que
doivent faire les intermédiaires qui se mêlent de ce commerce, et le commerce français acquerrait la possibilité de
fournir en retour ceux des articles que cette compensation
devrait faire admettre directement en Angleterre.

I]

Il faut des faits à l'appui des principes ; et ces faits sont souvent contestés ou attribués à des causes différentes de celles qui leur ont été assignées.

Aucune de ces questions n'a été plus long-tems et plus profondément discutée, que celle qui est relative à la franchise des ports.

La discussion commença sous le ministère de M. Bertin, en 1764. La décision qui rétablit la franchise des ports, n'eut lieu qu'en 1784.

L'intérêt du commerce l'emporta alors sur l'intérêt particulier de la ferme générale. Les franchises eurent l'effet heureux qu'on en avait attendu.

Le torrent révolutionnaire, qui a entraîné tant d'autres établissemens utiles, occasionna leur suppression.

Mais les preuves du bien qu'elles ont produit, existent encore. Ces preuves, d'une expérience heureuse, peuvent être opposées aujourd'hui avec d'autant plus de fondement aux motifs qu'on allègue contre le rétablissement des ports francs, que le développement de ces motifs me servira à faire connaître quelques-unes des causes qui contrarient le plus notre commerce manufacturier.

Les préfets et les conseils-généraux des départemens des Bouches-du-Rhône, des Landes, des Pyrénées, etc. ont émis leur vœu bien prononcé pour le rétablissement des franchises de Marseille, Bayonne et Dunkerque. Les conseils de commerce de ces divers ports ont démontré, par des Mémoires, auxquels on n'a pas répondu, tous les avantages

G

qui doivent provenir d'une mesure aussi utile à l'État.

La connaissance de ces divers Mémoires est indispensable pour être bien fixé sur la question. Mais il serait inutile d'en répéter ici la partie raisonnée. Je vais me borner à faire une analyse succincte des faits présentés par les divers conseils de commerce de Dunkerque, Bayonne et Marseille. J'émettrai ensuite quelques réflexions à ce sujet.

Faits relatifs à la Franchise du port de Dunkerque.

11 à 1200 navires marchands y entraient annuellement pendant la franchise.

40 bâtimens étaient employés pour le commerce des Colonies.

200 bâtimens et plus de 1500 bons marins pour la pêche de la morue et celle du hareng dans le Nord.

20 bâtimens environ pour la pêche de la baleine.

Les étrangers venaient s'établir à Dunkerque, y apportaient des capitaux considérables, et des branches d'industrie nouvelles.

En 1786, des Nantukais vinrent y former des armemens pour la pêche de la baleine, et en moins de quatre années, ces armemens eurent un tel succès, qu'ils nous mirent à même de fournir des huiles et des fanons de baleine aux Hollandais même, dont, avant cette époque, nous étions tributaires de plusieurs millions pour ces sortes d'approvisionnemens.

18,000 pièces d'eau-de-vie et 8,000 tonneaux de

vin y trouvaient un débouché facile, qui, aux prix actuels, feraient une exportation de la valeur de quinze à seize millions.

La population avait considérablement augmenté.

Le commerce interlope avec l'Angleterre eut pour la France des avantages infinis, et les expéditions secrètes faites annuellement, en soieries, eaux-de-vie, batistes, thés, etc. s'élevaient à une somme de plus de vingt-cinq millions.

La seule ville de Lyon fournissait pour trois millions de soieries.

La recette des douanes produisait plus de trois millions par an.

De 1778 à 1783, les nombreux corsaires qu'un tel état de prospérité avait mis Dunkerque à même d'armer, portèrent le plus grand préjudice au commerce anglais, sur lequel ils firent 498 prises, indépendamment de 694 qu'ils rançonnèrent; ce qui donna une valeur de plus de 25 millions.

Voilà des faits et des faits positifs.

Il faut comparer ensuite cet état brillant du commerce de Dunkerque pendant la franchise et les ressources qu'il fournissait à l'État, à ce qui a eu lieu depuis la suppression de cette utile institution. On trouvera :

La population diminuée d'un tiers,

La recette des douanes moindre de trois-quarts.

Tout le reste réduit à-peu-près dans les mêmes proportions.

Que si l'on objecte que cette prospérité avait lieu

aux dépens des autres ports ou villes de France; ce ne sera pas :

Lyon, qui fournissait des soieries ;

Valenciennes et Saint-Quentin, qui fournissaient des batistes ;

Les pays de vignobles, qui fournissaient des vins et des eaux-de-vie ;

Les négocians, qui fournissaient des thés et autres objets, qui, tous, s'exportaient en Angleterre,

Qui croiront que cette franchise pût leur porter préjudice.

Les ports hollandais ont profité et profitent journellement, depuis la suppression de la franchise de Dunkerque, d'une grande partie des avantages perdus pour ce port. Ces avantages ne sont pas seulement perdus pour Dunkerque; ils le sont encore pour les pays qui l'approvisionnaient et dont les produits ne peuvent pas être envoyés, avec les mêmes espérances, dans un état étranger, qui, d'ailleurs, n'offre pas la même facilité pour le commerce interlope avec l'Angleterre.

Du Commerce de Bayonne.

Avant la franchise, l'état de navigation était
à l'entrée, de 9,420 tonneaux, } TOTAL, 20,482 ton.
à la sortie, de 11,062 tonneaux ;

Pendant la franchise, il a été
à l'entrée, de 15,084 tonneaux, } TOTAL, 34,108 ton.
à la sortie, de 19,024 tonneaux,

DIFFÉRENCE, 13,626 ton.

C'est-à-dire, plus de *deux tiers* en sus.

Les fabriques de Laval, Mayenne, Pontivi, Châ-teau-Gonthier, etc. pouvaient si peu suffire au dé-bouché de Bayonne dans ce genre, qu'il a fallu quelquefois s'inscrire six mois à l'avance chez les fabricans, pour obtenir les étoffes qu'on leur ache-tait. Ce fait est positif, et le commerce de Bayonne en offre la preuve, si l'on en doute.

Les immeubles haussèrent d'un tiers, les salaires augmentèrent, et le nombre des allèges du port doubla.

L'importation des piastres attirées à Bayonne, en paiement des achats que les Espagnols venaient y faire, était annuellement d'une valeur de trente millions.

La population s'accrut au point, que dès 1786, on ne trouvait plus à se loger qu'avec peine, tandis qu'avant la franchise, on comptait 250 appartemens vacans et 123 maisons à vendre.

Aujourd'hui, l'importation des piastres est infini-ment diminuée. Bilbao et Saint-Sébastien, ports francs espagnols, dont, pendant la franchise de Bayonne, le commerce et la population avaient infi-niment diminué, sont dans un état très-florissant et profitent de tous les avantages que la suppression de cet établissement a fait perdre à Bayonne.

Le Mémoire du commerce de Bayonne, en ré-ponse à celui de la régie des douanes, laisse peu d'objections sans replique satisfaisante. Il faudrait le transcrire ici en entier, si je voulais citer tout ce qu'il renferme d'utile et de vrai sur cette importante question.

D'accord avec les Auteurs de ce Mémoire, je me bornerai à dire comme eux, que *tant que la France n'aura pas le monopole de l'Espagne, tant que la concurrence sera ouverte, dans ce royaume, aux marchandises étrangères, il est bien plus sage d'attirer cette concurrence à Bayonne, où on peut l'influencer, que de la laisser s'établir à Bilbao et à Saint-Sébastien, où nous sommes sans aucun moyen d'influence.*

Les avantages que la franchise de Marseille attirerait à ce port, qui n'est pas situé de manière à favoriser la contrebande avec l'intérieur, et la nécessité de cette franchise *pour protéger le commerce du Levant, dont les retours en matières premières importent à la prospérité de toute la France* (1), sont reconnus même par les préposés des douanes, qu'une étude approfondie de leur état et des moyens particuliers mettent le plus à même de soutenir l'opposition que le régime actuel des douanes apporte au rétablissement des ports francs. Je suis instruit d'ailleurs, que la chambre de commerce de Marseille saura démontrer jusqu'à la dernière évidence les avantages considérables que le rétablissement des franchises rendrait au commerce de Marseille, au préjudice de Livourne, Trieste, et autres ports de l'Italie, et il serait inutile d'entrer ici dans de plus grands détails à ce sujet.

---

(1) *Essai sur les Ports Francs*, par F.-L.-A. FERRIER, sous-inspecteur des Douanes.

Des Franchises des Ports en général.

« Curacao et Saint-Eustache, les deux îles princi-
» pales qui appartiennent aux Hollandais (dans les
» Indes Occidentales) sont des ports francs ouverts aux
» vaisseaux de toutes les nations, et une telle franchise
» au milieu d'autres Colonies meilleures, mais dont les
» ports ne sont ouverts qu'à une seule nation, a été pour
» ces deux îles la grande source de leur prospérité.

» Smith, Recherches sur la Nature et les Causes de
la Richesse des Nations ».

La franchise du port de Dunkerque date de
l'époque où les comtes de Flandres possédaient les
Pays-Bas.

Henri II avait accordé à Bayonne des priviléges
plus étendus que la franchise qui fut rendue à ce
port en 1784.

Marseille, plus anciennement encore, avait servi
d'entrepôt libre et franc aux marchandises des diverses parties du monde.

Dans les tems les plus reculés, on avait reconnu
qu'un des moyens le plus assuré d'attirer un grand
commerce dans un État quelconque, était d'accorder
aux étrangers une grande liberté de transactions et
l'affranchissement de tout droit sur les marchandises
qu'ils apporteraient et sur celles qu'ils chargeraient
en retour.

Le commerce étant le patrimoine de tous les
peuples, son action est semblable à celle d'un fleuve
qui suit sa pente naturelle : les obstacles qu'il ren—

G 4

contre dans son cours ne l'arrêtent pas : ils lui font prendre une autre direction.

Pendant le ministère de Colbert, Louis XIV renouvela en 1662 les priviléges de Dunkerque et de Bayonne, et en 1669, ceux dont avait précédemment joui le port de Marseille.

L'édit qui intervint relativement à ce dernier port, est remarquable par ses expressions.

« Comme les Rois, nos prédécesseurs, y est-il
» dit, ont bien connu les avantages qui pouvaient
» arriver à leurs États par la voie du commerce, et
» que l'un des principaux pour l'y attirer est de
» rendre quelqu'un des premiers ports de notre
» royaume libre et exempt de tous droits d'entrée
» et autres impositions, la ville de Marseille leur
» ayant semblé la plus propre pour y établir cette
» franchise, ils lui auraient accordé un affranchisse-
» ment de tous droits, etc.

» L'application que nous avons apportée au com-
» merce, nous a fait reconnaître les avantages que la
» France retirait de la franchise de Marseille lors-
» qu'elle était observée, et *combien les étrangers*
» *ont profité de cette surcharge de droits établis de*
» *tems en tems, en attirant chez eux le commerce*
» *qui s'y faisait*, etc. (1) ».

(1) On sera peut-être bien aise de comparer les principes et les expressions de cet édit, avec les motifs énoncés dans le considérant de la loi du 11 nivose an 3, qui supprime les franchises; en voici quelques-uns :

« Le régime de Marseille, relativement aux douanes, est

On aura beau objecter « Que les établissemens
» qui ont le commerce pour objet sont presque tous
» susceptibles de modifications, suivant les hommes,
» les tems et les lieux, que chaque peuple a des
» moyens de prospérité qui lui sont propres, et que
» rarement la même institution a eu les mêmes effets
» à deux époques différentes (1) ».

Sans doute, des modifications doivent être admises, suivant les hommes, les tems et les lieux ;
mais les principes généraux cités dans l'édit de
Louis XIV, sont de tous *les tems*, conviennent à
tous *les hommes*, et peuvent être appliqués avec succès à tous *les lieux* qu'on veut favoriser.

Colbert a en quelque sorte institué les ports francs
en France, et cette franchise a été supprimée par la
loi du 11 nivose an 3.

» contraire aux principes d'unité, de liberté et d'égalité,
» qui sont la base de notre Gouvernement.

» Les visites nécessitées par ce régime sur le voyageur
» sortant du territoire de Marseille, contrarient évidem-
» ment les principes de liberté : elles rappellent les an-
» ciennes cloisons fiscales, que l'on croyait abattues, elles
» font penser que Marseille est un état isolé, elles donnent
» lieu à des discussions fréquentes entre les voyageurs et les
» préposés, etc. etc.

» Celui qui a des marchandises à envoyer aux Colonies
» françaises par Marseille, ... par son ignorance,
» paie souvent sur les marchandises nationales, les droits
» que doivent seulement celles étrangères, etc. etc. etc. »

(1) *Essai sur les Ports Francs*, par F.-L.-A. FERRIER,
sous-inspecteur des Douanes.

Ainsi, la première réflexion qui se présente à ce sujet, c'est que la législation des ports francs est l'ouvrage du Ministre, qui, par ses lumières et son ardent amour du bien, a le mieux servi l'État et le plus favorisé le commerce, tandis que la suppression de ces établissemens date de l'époque où il semblait qu'on avait à cœur de détruire tout ce qui avait été utile.

L'Auteur de l'*Essai sur les Ports Francs* ne s'est pas dissimulé combien cette première observation aurait de force contre le système qu'il adopte; il a tenté d'en affaiblir l'effet, en cherchant à prouver que les vues de Colbert, utiles de son tems, seraient aujourd'hui préjudiciables aux véritables intérêts du commerce.

Si nous remontons à l'époque à laquelle les franchises des ports furent établies, et que nous examinions les motifs qui ont donné lieu à ces établissemens et les vices qu'ils avaient pour but de réformer, l'Auteur de l'*Essai sur les Ports Francs* nous fournira lui-même des conséquences opposées à celles qu'il s'est efforcé de tirer des causes dont il nous a rappelé le prétexte.

Selon lui (*page* 12), « l'état stationnaire du commerce national, les progrès de l'industrie chez les nations voisines, le besoin d'attirer des capitaux dans nos ports; voilà *les vrais, les seuls motifs* de l'établissement des franchises. Colbert les accorda à titre d'encouragement pour le commerce général, comme il avait accordé des gratifications, à titre

d'encouragement particulier, pour les manufactures, etc. »

L'état stationnaire du commerce national était à
cette époque moins préjudiciable que celui que nous
éprouvons en ce moment. Lors de l'entrée de Colbert
au ministère, il y avait plus nullité de commerce
que stagnation : aujourd'hui, au contraire, il y a
plus stagnation que nullité de commerce.

Les progrès de l'industrie chez les nations voisines, n'étaient pas parvenus, à beaucoup près, et
toutes proportions observées, au point de perfection
qu'ils ont atteint depuis ;

Et certes, nous sommes dans une bien plus grande
nécessité d'attirer des capitaux dans nos ports, puisque, même avant la dernière rupture qui a eu lieu
avec l'Angleterre, le commerce français en général
manquait de crédit et payait l'argent à un intérêt
excessif.

Si donc ce sont là *les vrais, les seuls motifs* qui ont
déterminé Colbert à ouvrir des ports francs, je laisse à
juger à tous les administrateurs qui connaîtront bien
les besoins du commerce et notre position actuelle,
si les circonstances dans lesquelles nous nous trou-
vons n'ont pas plus d'analogie que d'opposition avec
celles, qui, selon l'Auteur de l'*Essai sur les Ports
Francs*, ont donné lieu à la détermination de Colbert.

Mais poursuivons :

Colbert reconnut la cause de la langueur du commerce national *dans les vices d'un tarif qui grevait*

indifféremment, de forts droits, l'entrée des matières
premières.

Et ces causes ne sont-elles pas malheureusement
les mêmes aujourd'hui, sous plus d'un rapport (1),
avec cette différence qu'elles ont une influence
bien plus funeste encore lorsqu'elles contrarient
une industrie considérable qu'elles tiennent dans
un état stationnaire, au lieu qu'avant Colbert,
ainsi que l'observe l'Auteur de l'*Essai sur les Ports*
Francs, il n'existait presque pas de commerce en
France.

Les mots nous égarent souvent, et ici il faut des
faits et des preuves ; en voici :

Le tabac en feuilles venant de l'étranger, n'est-il
pas une matière première indispensable à notre fabrication de ce genre ?

Ne doit-il pas à son entrée en France, 33 francs
de droits, tandis qu'il ne paie que 60 centimes en
Hollande ?

Le fabricant français (*voyez page* 19), n'est-il
pas grevé de plus à la sortie des tabacs fabriqués par

---

(1) Il est inutile d'observer ici que dénoncer quelques
causes particulières du préjudice occasionné au commerce,
par certains droits des douanes, n'est point avoir l'intention de comparer l'ensemble du système actuel à celui qui
pouvait exister avant le ministère de Colbert. Les réformes
les plus utiles ne peuvent être que l'effet du tems, et la
régie actuelle des douanes est trop éclairée pour n'avoir
pas reconnu déjà elle-même ce que, par intérêt pour le
commerce, j'ai occasion de citer ici.

lui pour l'étranger, de 13 francs 32 centimes en sus,
par quintal, puisqu'il n'obtient le remboursement
que du tiers du droit de fabrication qu'il a eu à
acquitter?

Le raffineur de sucre, qui paie 25 francs par quintal de sucre tête et terré, et qui n'obtient à la
sortie de ces sucres raffinés par lui, que le remboursement de 25 francs par quintal (*page 22*),
ne se trouve-t-il pas grevé par un droit pareil sur
une matière première, qui, de plus que le tabac,
a l'avantage d'être un produit de nos propres possessions, etc. etc. ?

A qui persuadera-t-on qu'avec des moyens pareils,
Colbert eût pu porter le commerce de France au
degré de prospérité qu'il acquit pendant son ministère, lui qui le favorisait, au contraire, par des
encouragemens et des gratifications de tous les
genres?

Qui pourra nier que si les ports francs étaient ré-
tablis, les fabricans de tabac, les raffineurs de sucre,
les fabricans de mousselines, en tant qu'ils auraient
la faculté de former des établissemens dans leur enceinte ou leur territoire, n'y trouvassent un débouché immense pour l'étranger, en tabacs et en sucres
fabriqués par eux, et un débouché pour la France
même, en mousselines, dont la fabrication serait
alors possible, et qu'on ne pourrait pas refuser d'y
admettre aux mêmes conditions de celles qui nous
viennent en ce moment de l'étranger, si des consi-
dérations particulières ne faisaient pas trouver à

propos de leur accorder quelques avantages de plus (1).

---

(1) Il est des causes ou des événemens politiques, qui, dans tous les Gouvernemens, exercent une influence plus ou moins fondée sur quelques citoyens mécontens ou naturellement inquiets. Un Irlandais ou tout autre étranger peut croire qu'il serait plus heureux en France : pour peu que son opinion le lui fasse entrevoir ainsi, son intérêt achevera de le déterminer, s'il est assuré d'y trouver les moyens d'y former un établissement utile. Supposons cet étranger très-versé dans la fabrication des mousselines, mousselinettes, draps de coton ou autres de ce genre. le régime actuel de nos douanes ne lui laissera aucun espoir à ce sujet, puisqu'il n'ignorera pas que faute de matières premières, c'est-à-dire, de cotons filés fins (voyez *page 25*), il ne pourra pas travailler avec plus de succès que les fabricans français établis à Tarare ou ailleurs ; mais s'il existe en France un lieu où il puisse établir des ateliers, sans la crainte de manquer de matières premières ou de les avoir en qualité indispensable pour sa fabrication et non grevées de trop forts droits, ce lieu libre et franc fixera son attention ; et plus cet étranger sera assuré d'y trouver d'avantages, plus il sera disposé à venir en profiter.

Il en résultera toujours la connaissance d'une branche d'industrie nouvelle ou plus perfectionnée. Peut-on espérer, avec le même succès, un résultat pareil sous le régime actuel ? Dira-t-on que si ce même régime eût existé en Toscane, lors de l'émigration qui eut lieu dans le tems de la terreur, d'une grande partie du commerce de Marseille, ces négocians français eussent choisi Livourne pour aller y faire valoir leurs fonds et y établir un grand nombre de fabriques de savon et autres, qui augmentèrent les avantages de l'industrie favorisée de ces heureux climats.

Mais de l'évidence trop grande de ces divers avantages naîtraient des obstacles, qui, souvent, en dé-
truiraient l'effet.

D'abord, il faudrait trouver dans les enceintes et
le territoire adjacent aux nouveaux ports francs,
des localités convenables, et ce point indispensable
obtenu, il resterait à vaincre la difficulté toute aussi
grande des prix de main-d'œuvre; car, en raison de
l'activité du commerce dans ces ports et leur territoire
affranchie, la main-d'œuvre (1) deviendrait si chère,
qu'elle serait alors l'obstacle le plus grand que ces
nouveaux fabricans français auraient à vaincre pour
soutenir avantageusement la concurrence des fabricans étrangers.

L'Auteur de l'*Essai sur les Ports Francs*, à la
suite d'une comparaison entre des fabricans qui sollicitent du Gouvernement des secours dont ils ne
doivent plus avoir besoin, et les négocians des anciens ports affranchis qu'il assimile à ces fabricans,
considère les franchises comme étant un privilége exclusif accordé à trois ports, au préjudice de tous ceux
où le régime actuel des douanes existe, c'est-à-dire, de
toute la France commerçante, trois villes exceptées.

C'est-là une erreur évidente. Les concurrens des
ports francs établis en France, ne sont pas les autres
ports français, mais ceux que les États voisins ne
manquent pas d'établir, afin de faire naître une

_____

(1) A Marseille, à Bayonne, etc. dans le tems des franchises, on a vu plus d'une fois des porte-faix gagner jusques
à 15 livres par jour.

concurrence qui puisse leur être avantageuse. Si cette concurrence s'exerçait de port à port français seulement, on pourrait considérer alors la franchise accordée à un port de la République, comme étant un privilége au détriment des autres. Encore faudrait-il auparavant qu'il eût été reconnu que tous les ports pussent présenter une localité également convenable. Mais ici le cas est bien différent. Si le Gouvernement continue à refuser la franchise à quelques-uns de nos ports, ce ne sera point les autres ports de France qui en profiteront (l'événement ne l'a que trop prouvé), mais les ports francs établis dans l'étranger qui attireront, par la faveur des franchises, tout le commerce que le régime actuel de nos douanes éloignera pour toujours de nos ports.

Ainsi, Saint-Sébastien et Bilbao, ports francs espagnols, depuis la suppression des franchises en France, voient journellement s'accroître leur population et leur commerce, au détriment de Bayonne.

Livourne, Trieste, Venise, etc. prospèrent aux dépens de Marseille.

Les ports de la Hollande profitent, en tant que leur situation plus éloignée d'Angleterre le permet, des avantages que Dunkerque a perdus.

Ce ne sont pas là des *mots*, mais des FAITS malheureusement trop vrais.

Pour donner une idée de la fraude de détail que favorisent les ports francs, le citoyen Ferrier établit le calcul suivant, relatif au territoire de l'ancienne franchise de Bayonne.

68

68 mille personnes vont, par mois, de Bayonne au Saint-Esprit, et il évalue à 3 livres de sucre la quantité que chaque individu pourra passer en fraude.

Il en résulte l'introduction de 204 milliers de sucre, qui privent les douanes d'un droit de 76 mille francs et portent un préjudice considérable à nos raffineries.

Je n'attaque aucun de ces calculs. Je les suppose tous vrais.

L'objection des douanes est nulle, puisque les franchises, bien loin de diminuer en général les recettes des douanes, les augmentent toujours.

La recette des douanes à Dunkerque, dans le tems de la franchise, était de *trois millions* : elle est aujourd'hui beaucoup moindre.

On objectera peut-être que les douanes de Marseille, en l'état actuel, produisent *huit millions*.

Mais ce produit n'est occasionné que par les droits mis sur les sucres, cafés et autres denrées qui se consomment dans l'intérieur. Si ces droits ne s'acquittent pas à Marseille, ils seront perçus à Septèmes ou aux autres bureaux des frontières. L'État n'y perdra rien. Le commerce de Marseille prospérera davantage et sera sur-tout affranchi des gênes, des retards et des entraves que le régime actuel des douanes lui occasionne.

Quant au préjudice considérable occasionné à nos raffineries, le cit. Ferrier fait ici une erreur singulière. La fraude qu'il cite, bien loin de leur nuire, leur serait très-avantageuse.

H

Le cit. Ferrier ne s'explique pas sur la qualité du sucre introduit en fraude ; mais puisque, d'après ses calculs, 204 milliers produiraient aux douanes un droit de 76,000 francs, il est clair qu'il a entendu désigner les sucres *têtes* et *terrés*, qui, introduits de l'étranger en France, sont assujettis au droit de 37 fr. 5o cent. par quintal,

2,040 quintaux, à 37 fr. 5o cent., font bien effectivement 76,5oo francs.

Or, ces sucres terrés entrés en fraude n'ayant à supporter que le bénéfice du contrebandier, qui devra nécessairement être moindre que le montant des droits de douane, fourniront à nos raffineurs une matière première moins chère que celle qu'ils pourraient tirer directement de nos Colonies ou d'ailleurs, et qui serait assujettie aux droits établis par l'arrêté du 3 thermidor, et dès-lors que ces raffineurs paieront la matière première meilleur marché, ils gagneront davantage sur leur fabrication.

Où est donc ce préjudice considérable pour eux, d'après cette contrebande ? J'y vois, au contraire, un bénéfice, et il est impossible de le méconnaître.

Le cit. Ferrier est de bonne foi, et personne ne rend plus de justice que moi à ses intentions et aux motifs louables qui l'animent, en provocant à ce sujet une discussion franche et approfondie.

Mais imbu des principes actuels des douanes, son opinion, quoiqu'émise avec franchise, n'est-elle pas susceptible de quelque partialité involontaire ? Sans cela, comment concevoir qu'avec une triple armée

d'employés, qui occasionne une quotité de perception de dix millions, égale au quart de la recette, on
objecte tant de difficultés pour garder quelques lieues
de terrein un peu plus ou un peu moins éloignées des
barrières actuelles, lorsque sur-tout les localités présentent une rivière à traverser, qui rend avec de tels
moyens cette surveillance bien plus facile (1).

L'Auteur de l'*Essai sur les Ports Francs* avance
que dans Bayonne même, à l'exception de dix ou
douze capitalistes, personne ne désire le retour de
la franchise du port; que cette franchise porterait le
plus grand préjudice à plusieurs artisans, ruinerait
beaucoup de fabricans et forcerait un grand nombre
de marchands à transporter leur domicile au Saint-
Esprit, etc.

Comment concilier cette opinion avec celle émise
par le préfet du département des Basses-Pyrénées,
dans la *Statistique de l'an* 10?

« Bayonne (y est-il dit, *page* 17) avait un com-
» merce très-florissant, lorsque des priviléges par-
» ticuliers lui donnaient une espèce de franchise. Le
» régime des douanes y ayant été introduit, le com-
» merce y tomba presque entièrement. Le port ayant

_____

(1) C'est ici le cas de répéter une observation que j'ai
déjà eu occasion d'émettre dans le cours de cet Ouvrage,
que si la régie des douanes s'oppose au rétablissement des
ports francs, par l'impossibilité qu'elle trouve à surveiller
efficacement les limites resserrées d'un port franc, cette
difficulté sera bien plus grande encore pour surveiller la
circonférence entière de la France.

H 2

» recouvré ses franchises en 1784, cette mesure eut
» le plus prompt effet et lui redonna toute sa pros-
» périté ».

Et *page* 87 : « La position de Bayonne donne
» beaucoup d'étendue à son commerce ; il en a déjà
» été parlé, ainsi que des moyens de prospérité qui
» lui sont propres. Ils consistent principalement
» dans les franchises dont elle jouissait sous Col-
» bert, et que son commerce redemande aujourd'hui.
» Ce n'est que par ce moyen qu'elle peut soutenir la
» concurrence avec Bilbao, sur laquelle elle a
» l'avantage d'une meilleure position ».

Les négocians de Bayonne avaient cité, en faveur
de la franchise de leur port, l'opinion émise à l'Assemblée Constituante par deux de ses plus célèbres
orateurs.

« La nature lui en a donné la patente », disait
M. l'abbé Maury (d'accord en cela seulement avec
Mirabeau); « et ce mot si vrai, si profond, em-
» pêcha qu'on ne la supprimât ».

L'Auteur de l'*Essai sur les Ports Francs* répond
à cette double autorité, par l'observation suivante :

« La grande question de la liberté des Noirs a été
» aussi décidée sur des *mots*. Depuis, on a égale-
» ment décidé sur des *mots*, la question de la sup-
» pression du culte, celle de la liberté de la presse,
» et tant d'autres. Malheur, etc. »

Mais depuis aussi, la liberté des Nègres n'a-t-elle
pas été limitée ?

Le culte n'a-t-il pas été rétabli ?

La liberté de la presse bornée?

Ce retour à des principes plus sages, joint à l'exa-men plus approfondi de l'effet des franchises, n'est-il pas un motif de plus d'espérer le rétablissement d'une institution, sur l'utilité de laquelle les deux plus grands hommes de l'Assemblée Constituante ont été d'accord, malgré l'opposition constante de leurs opinions politiques?

Mon intention n'a pas été d'entreprendre ici la ré-futation de l'Ouvrage du cit. Ferrier, et les bornes de cet Écrit ne me permettent pas de m'étendre davantage à ce sujet, qui, d'ailleurs, a été longue-ment débattu, sous tous les rapports, dans les divers mémoires que j'ai déjà cités.

Je me bornerai à dire :

Que les franchises qui ouvriront quelques-uns de nos ports au commerce libre du monde entier, seront un moyen bien plus sûr d'attirer les nations étran-gères et de les rendre à-la-fois tributaires de notre industrie, et envieuses de la gloire et de la prospé-rité de la France, que les vues étroites et fiscales du système actuel de nos douanes ;

Que rien ne servira mieux dans tous les tems, à faire reconnaître les vices de ce système, que la li-berté commerciale accordée à ceux de nos ports, qui, par leur localité, en paraîtront le plus suscep-tibles ;

Qu'il est même à désirer qu'on accorde à ces ports un territoire assez étendu pour les divers établisse-mens de fabrication qui s'y porteront, dans la vue de s'affranchir des droits énormes dont le paiement dans l'intérieur ne laisse pas la faculté de travailler pour le débouché de l'étranger, tels que les manufactures de tabac, les raffineries de sucre, etc. etc si toutefois l'augmentation de prix de la main-d'œuvre ne leur en enlève pas la possibilité ;

Qu'un avantage de plus que produiront les ports francs, sera de diminuer en partie (même dans les pays soumis au régime actuel des douanes) le renchérissement de tous les objets d'entretien ou de consommation que nous sommes obligés de tirer de l'étranger, et qui doivent des droits à leur entrée en France :

Car l'étranger qui nous apporte ces objets, ajoute toujours à leur valeur le montant du droit d'entrée, et se fait payer du spéculateur français l'intérêt du montant de ces droits. Le spéculateur en agit de la même manière avec le marchand en détail, et celui-ci doit nécessairement en faire autant vis-à-vis du consommateur; de sorte que le droit se grossit des intérêts que perçoivent l'étranger, le spéculateur et le marchand en détail.

Cette augmentation de prix cessera d'avoir lieu, lorsque les marchandises venant de l'étranger pourront rester entreposées dans un port, où elles n'auront aucun droit à acquitter, et il en résultera le double avantage de rendre nos approvisionnemens de ce genre beaucoup plus abondans, et de mettre les marchands en détail à portée de faire leurs achats au moment des besoins de leur consommation, qui alors se trouvera affranchie de toute espèce de renchérissement occasionné par les intérêts de ces droits ;

Que de plus encore, les ports francs établis en France vers le Nord, auront un avantage très-considérable sur ceux des villes anséatiques, etc. en ce qu'ils pourront être ouverts au commerce dans toutes les saisons, au lieu que ceux des villes anséatiques, etc. ne sont praticables que tout autant que les glaces n'empêchent pas d'y aborder ;

Que ce moyen enfin, est le seul d'enlever avec le tems, aux ports francs étrangers du Nord et du Midi, les avantages immenses que ces ports ont acquis, aux dépens de notre commerce, depuis la loi du 11 nivose an 3, qui a supprimé les franchises en France.

Je dois observer ici que je n'entends pas parler d'une franchise illimitée, non que je ne la crusse plus avantageuse, mais parce qu'une institution de ce genre, entièrement opposée au système actuel de nos douanes, ne peut être amenée que graduellement à un régime de liberté absolue.

Des restrictions sont demandées même par les négocians des ports francs, du moins par ceux de Marseille ;

Mais ces modifications ne peuvent avoir pour objet que d'établir, relativement à notre commerce national, le moyen de tirer des franchises le parti le plus avantageux possible, tant pour le commerce

H 4

de nos ports affranchis, que pour celui de l'intérieur.

Je n'ai point parlé ici des entrepôts accordés à
quelques-uns de nos ports, en remplacement des
franchises : cette question est longuement débattue
dans les divers mémoires que j'ai eu occasion de
citer, ainsi que dans celui présenté au Ministre de
l'Intérieur par le cit. Peuchet.

Ces entrepôts, quoiqu'on en prétende, ne produiront jamais l'effet des franchises. Mais rien n'empêche d'en accorder la continuation aux ports ou
villes qui en jouissent, ce sera toujours une faveur de
plus pour leur commerce.

Il serait même à désirer que cette faculté ne fût
pas refusée plus long-tems à la ville de Paris.

Paris, en tems de guerre sur-tout, est le centre
des grandes opérations commerciales, et dans tous
les tems, c'est la place qui réunit le plus de capitaux
réels et le plus de moyens de crédit.

Le négociant de Paris qui veut jouir de l'entrepôt
est obligé d'avoir un commissionnaire au Havre ou à
Rouen, où s'enmagasinent les marchandises pour
lesquelles il réclame cette faveur, ce qui augmente
les frais et entrave ces sortes d'opérations.

Ne conviendrait-il pas d'accorder au commerce de
Paris le même avantage obtenu par Rouen, qui est
considéré comme faisant suite à l'entrepôt du Havre?
Dès l'instant où le négociant de Paris aurait fait sa
déclaration des objets qu'il serait dans le cas d'attendre par le Havre ou par tout autre lieu ouvert aux

entrepôts, de la marque, du poids et du nombre de
balles , barriques , etc. et qu'en même tems il
aurait fait sa soumission aux douanes de Paris, de
payer les droits sur ces divers objets, ou de les faire
arriver à l'entrepôt de Paris, il me semble qu'il y aurait d'autant moins d'inconvéniens à lui accorder
cette faculté, qu'au moyen d'un acquit à caution qui
suivrait la marchandise , qui limiterait l'ordre et le
tems présumé de la route, et porterait obligation du
paiement d'un droit quadruple, en cas de contraven-
tion , ainsi que cela se pratiquait autrefois , les
douanes, instruites de la véritable destination de ces
divers objets , pourraient veiller à leur arrivée à
l'entrepôt de Paris, et les délais de l'acquit à caution
expirés, exiger le paiement du quadruple des droits,
ou toute autre peine à laquelle se serait soumis le négociant de Paris qui aurait voulu jouir de la faveur de
l'entrepôt.

Parmi les motifs qu'on oppose au rétablissement
des ports francs, on ne cesse d'objecter que ces ports
francs seraient un privilége au préjudice des autres
ports français soumis au régime des douanes.

Mais les entrepôts accordés à certaines villes ne
peuvent – ils pas être regardés avec plus de fondement, comme un privilége qui est accordé à ces
villes, au préjudice de celles auxquelles on refuse la
même faveur ?

Le commerce de Paris n'a-t-il pas les mêmes
droits à la protection et à la bienveillance du Gouvernement, que celui du Havre, de Rouen, de Stras-

bourg, de Mayence, etc.? Si les négocians de Paris,
en raison de la situation de la capitale, ne trouvent
aucun avantage à l'entrepôt, ils n'en feront pas usage.
Mais il est évident qu'ils en profiteront avec empres-
sement et reconnaissance. Cet entrepôt réunira pour
eux et pour tous les fabricans de Paris et des environs, des avantages qu'il serait impossible de méconnaître.

Il serait même à désirer que l'entrepôt ayant été
accordé, les douanes pussent présenter au commerce,
dans une vaste enceinte, des magasins commodes et
convenables pour loger toutes les marchandises que
les spéculations de Paris attireront en grande quantité, soit comme provenant de la faculté d'entrepôt,
soit même comme étant offertes par le commerce à un
enmagasinement volontaire. Un établissement pareil
fournirait les moyens d'établir une espece de banque
de marchandises, et cette banque réunirait des avantages qui donneraient la plus grande activité au commerce de Paris.

Il serait inutile de détailler ici le plan d'un
établissement de ce genre. Mais qui pourrait méconnaître les ressources qu'il fournirait au commerce,
en même-tems qu'il ferait cesser les abus de ces
prêts usuraires, qui, par l'effet d'une cupidité dé-
sordonnée, souvent le déshonorent et presque toujours le ruinent?

Les marchandises arrivées dans l'enceinte des
douanes et logées dans des magasins convenables à
chaque espèce, il serait délivré au propriétaire un

reçu qui en spécifierait la date de l'entrée, le poids, la qualité, etc.

Ce reçu des douanes constatant la propriété, des échantillons en feraient connaître la qualité.

Dès-lors, les ventes se feraient avec d'autant plus de facilité, que l'acheteur n'aurait qu'à reconnaître la marchandise et à en faire vérifier le poids. On en transférerait la propriété comme on transfère celle des rentes.

Le banquier qui a ses fonds à la Banque de France, sait qu'ils y sont mieux gardés que chez lui, et peut éviter les frais d'un caissier, d'un homme de recette, et d'autres dépenses de sureté ou de précautions, qui lui seraient indispensables s'il voulait faire ses paiemens par lui-même : pourvu qu'il ait fait exactement les fonds de ses acceptations, il peut payer un million sans le moindre embarras chez lui.

De même, le négociant, le fabricant ou autre qui aurait ses marchandises aux douanes, serait sans inquiétude sur leur garde (elles y seraient aussi en sureté et souvent mieux logées que chez lui), sans embarras pour leur livraison, (les gardes-magasins des douanes la feraient pour lui, sous l'inspection d'un courtier ou d'un simple commis); sans frais pour les faire transporter, puisqu'au moyen du transfert, rien n'empêcherait qu'elles restassent dans le même local, quoiqu'elles eussent changé de propriétaire.

De plus, un négociant aurait-il besoin de fonds, et ne pourrait-il s'en procurer qu'en remettant en

nantissement ses marchandises, comme cela ne se pra-
tique que trop souvent? Un simple transfert suffi-
rait. Alors l'emprunteur et le prêteur seraient également tranquilles sur la sécurité du dépôt et sur le
mystère de l'opération, si des motifs particuliers
exigeaient qu'il ne fût autrement public que par
l'effet du transfert.

De plus encore : l'entrepôt aux douanes offrant un
motif de sécurité suffisant pour le paiement des
droits d'octroi, rien n'empêcherait que les marchandises assujetties aux droits de cette nature ne
pussent également être mises en entrepôt dans les
magasins des douanes. — Quelles facilités, et quels
avantages n'en résulterait-il pas pour le commerce de
Paris?

Les négocians de Paris sont obligés de faire enma-
gasiner dans des entrepôts particuliers, hors les barrières, les eaux-de-vie, vins, etc. qu'ils destinent,
soit pour la consommation de Paris, soit pour les
débouchés du dehors. Les distances nécessitent la
perte de beaucoup de tems, parce qu'il n'est aucun
de ces entrepôts particuliers qui ne soit situé à une,
deux, trois lieues et quelquefois plus encore du domicile du négociant. En outre, ces entrepôts sont
très-coûteux, ils peuvent n'être pas toujours fidèles
ou exactement surveillés. Mille autres contrariétés
se présentent journellement qui entravent également
les opérations du vendeur et celles de l'acheteur. Il
faut souvent une journée pour aller prendre livraison de quelques pièces d'eau-de-vie. Si la qualité

n'est pas conforme aux échantillons, il faut revenir
à Paris, retourner à la barrière, avec des arbitres, etc.
Si ces pièces, destinées pour être expédiées au loin ,
ont besoin d'être mieux conditionnées, il faut envoyer des tonneliers ou autres ouvriers, parce qu'on
ne trouve pas toujours sur les lieux ; il faut y attendre
les rouliers , etc. etc.

L'entrepôt aux douanes ferait cesser tous ces
obstacles, sans qu'il pût en résulter un seul inconvénient. Sous tous ces rapports, il rendrait les plus
grands services au commerce de Paris.

Mais le plus grand avantage qui pourrait provenir
d'un établissement de ce genre, consisterait dans la
possibilité qu'il fournirait à la Banque de France,
de venir souvent au secours du commerce, par des
prêts également favorables aux intérêts du négociant
et aux siens.

Un négociant aurait-il besoin de fonds ? La Banque
lui en prêterait à demi pour cent sur son simple
billet à échéance et le transfert de sa propriété aux
douanes : il n'y aurait plus qu'à déterminer la quotité du prêt, et cette quotité aurait lieu en raison de la valeur et de la nature des marchandises ;
De la moralité de l'emprunteur, et sur – tout du
genre de commerce qui mériterait le plus d'être favorisé. Un fabricant notamment serait-il embarrassé
pour faire un achat avantageux de matières premières, ou pour attendre un moment plus opportun
de vendre celles déjà fabriquées par lui ? Au moyen
de l'entrepôt, la Banque lui fournirait aisément les

fonds qui lui seraient indispensables, soit pour faire un meilleur achat, soit pour éviter une vente préjudiciable.

Quelles ressources l'industrie manufacturière surtout, ne trouverait-elle pas dans des prêts à l'intérêt modéré de demi pour cent, elle qui souvent ne peut se procurer des fonds qu'à l'agio exhorbitant d'un et demi pour cent par mois, et quelquefois plus encore?

Des établissemens du même genre pourraient avoir lieu dans toutes les grandes villes de France, et je ne doute pas que le commerce n'y trouvât des avantages qui contribueraient aisément à ses plus grands succès.

Les premières Assemblées Législatives, entraînées par les circonstances, ou séduites par l'attrait que présentait un système d'impôt foncier et mobilier, dont l'expérience a démontré l'erreur, firent le sacrifice de presque toutes les autres branches du revenu public.

L'anarchie et le vandalisme qui leur succédèrent, détruisirent ensuite toutes les ressources. L'abus qu'on fit alors d'un système monétaire, pour lequel il ne fallait que du papier, en facilita les moyens.

Lorsque, sous le règne du Directoire, des principes moins destructeurs imposèrent l'obligation de rétablir un ordre quelconque, la mobilisation et les arriérés ne suffirent même pas pour parvenir à niveler la recette et les dépenses. Il fallut établir des impôts de tous les genres.

Des emprunts forcés qu'on ne put pas payer, malgré la mise en activité des garnisaires;

Des droits de timbre, de greffe et d'enregistrement tellement énormes, qu'ils ont été dénoncés par plusieurs préfets, comme nuisibles au trésor public, en ce qu'ils arrêtent les transactions sociales (1);

Un impôt de patente tellement vicieux par sa nature, qu'il assujettit à la même taxe le négociant célibataire qui a un million de fortune, et le père d'une famille nombreuse qui ne peut faire valoir en quelque sorte qu'une industrie favorisée par son crédit, impôt dont les centimes additionnels n'atteignent pas le lapidaire, qui peut renfermer, dans un cabinet, des richesses immenses, et écrasent le manufacturier ou l'artisan, à qui il faut de grands ateliers;

Des droits de passe, utiles sous plusieurs rapports, mais qui, sous d'autres, contrarient infiniment les genres d'industrie dans lesquels les matières premières n'ont presque d'autre valeur que celles qu'elles acquièrent par le transport (2);

_____

(1) « Les droits excessifs de timbre, de greffe et d'enre-
» gistrement arrêtent toutes les transactions, et sont par-là
» aussi nuisibles au trésor public qu'aux transactions so-
» ciales. Les recettes de la régie pour l'an 8, offrent une
» différence au moins, d'avec celle de l'an 6, de 395,720 fr.
» 36 cent. Un tarif progressif est plus que jamais nécessaire
» pour rendre prospère cette branche essentielle du revenu
» public.

(*Statistique du département du Mont-Blanc*). »

(2) « L'impôt des barrières est extrêmement nuisible aux

La continuation d'un impôt foncier, accablant pour l'agriculture ;

L'addition de l'impôt somptuaire à l'impôt mobilier ;

Les droits de portes et fenêtres ;

L'établissement d'un système de douanes, qui avait plus pour but de fournir au trésor public des revenus considérables, que de maintenir un nivellement de droits favorable à nos relations commerciales, etc. ;

Telles furent les ressources que le Directoire transmit au Gouvernement actuel.

Ainsi, le mal existe depuis bien long-tems.

Le Gouvernement pourra le faire cesser, en appreciant ce qu'il peut attendre des impôts indirects (1).

Ces nouveaux impôts apporteront sans doute

» manufactures, en ce qu'il entrave la circulation et
» augmente le prix des matières premières, qui, souvent,
» n'ont d'autres valeurs que celles qu'elles acquièrent
» par le transport, comme les loques, etc. Le transport
» des matières fabriquées éprouve une nouvelle augmenta-
» tion ; de sorte que lorsqu'elles arrivent au lieu de leur
» destination, elles ne peuvent plus soutenir la concur-
» rence avec celles qni sont venues de moins loin ; ainsi le
» fabricant est obligé de restreindre ses relations commer-
» ciales et de borner son débit à la consommation qui se
» fait sur les lieux.

(*Statistique du département des Vosges*) ».

(1) Déjà plusieurs Ouvrages ont paru à ce sujet, qui prouvent toutes les ressources que le Gouvernement peut attendre du rétablissement de ce mode d'impositions.

quelques

quelques gênes dans l'intérieur; mais ils sont généralement reconnus aujourd'hui comme les moyens les
plus doux, les plus justes et les plus efficaces pour
assurer à l'État des revenus indispensables, et que
tout bon citoyen offre avec plaisir au Gouvernement,
qui maintient son repos et n'agit que pour son bonheur.

Une commission, composée d'administrateurs
sages et éclairés, s'occupe en ce moment du soin de
donner aux impositions la direction la moins gre-
vante pour les particuliers et la plus avantageuse à
l'État. Cette intention bienveillante prouve trop évidemment les motifs dont le Gouvernement est ani-
mé, pour ne pas espérer que le commerce, contrarié
par le système des douanes, autant que l'agriculture a pu l'être jusqu'ici par l'excès et l'inégale
répartition de l'impôt foncier, obtiendra la même
faveur, et qu'une révision du tarif des droits d'entrée
et de sortie encore existans, aura lieu comme celle
des impositions ordonnée par le Gouvernement.

Comment méconnaître, en effet, que, malgré la
fertilité de son sol et les avantages d'une grande population partout industrieuse, la France ne retrouve
pas dans l'activité de ses relations commerciales, les
ressources immenses que son agriculture et son industrie peuvent aisément lui fournir; et où chercher
les causes qui contrarient le commerce, si ce n'est
dans les réglemens qui déterminent son action?

Dans le tems de la ferme générale, l'intérêt des
fermiers devait naturellement exciter l'émulation de
leurs préposés, et ceux-ci étaient provoqués en

I

outre à grossir les revenus de la ferme, par les gratifications qui leur étaient accordées sur les excédens des
produits ; mais le Gouvernement, étranger en quelque sorte à cet intérêt des fermiers, se tenait constamment en garde à ce sujet.

Aujourd'hui, le Gouvernement est seul partie in-
téressée, et le chef des douanes, honoré de sa confiance, s'efforce d'autant plus d'administrer utile-
ment la partie des revenus publics qui lui est confiée,
qu'il en résulte l'avantage apparent d'accroître la
somme de ces produits, et celui de mériter le suffrage
du Chef de l'État.

Les mesures prises à cet égard pourront bien avoir
momentanément un résultat avantageux ;

Mais indépendamment de ce qu'elles occasionnent
des frais de perception immenses, elles produisent
encore un effet désastreux sur le commerce qu'elles
paralysent, lorsque des entrepôts voisins favorisent
dans l'étranger l'importation d'objets frappés de
trop gros droits à leur entrée chez nous, ou que ces
droits nuisent à notre industrie manufacturière,
ainsi que j'ai eu occasion de le démontrer.

Les frais de perception des douanes se sont élevés
à une quotité qui excède le quart de la recette, et ces
frais énormes le paraîtront bien d'avantage, si le
génie fiscal ne trouve pas pour les années suivantes
des droits de circonstance qui portent à l'improviste
sur des denrées de grande consommation, tels que
ceux qui ont eu lieu successivement pour les tabacs
existans en France au moment de l'arrêté du 23 flo-

réal , et pour les sucres et les cafés lors de l'arrêté du 3 thermidor an 10.

Le mal sera bien pire encore , lorsqu'il surviendra une mesure qui prohibera inopinément l'introduction d'une denrée admise auparavant à l'entrée , moyennant le paiement de certains droits; car , lorsqu'en vertu des lois préexistantes , des négocians français se sont livrés à des spéculations de ce genre , eux-seuls supportent l'effet de ce changement inattendu , qui peut avoir les conséquences les plus funestes.

En vertu de l'arrêté du 1er thermidor an 11 , relatif aux sucres et cafés venant de l'étranger , plus de cinq millions de ces denrées achetées à l'étranger , avant qu'on eût eu connaissance de cet arrêté , ont été retenues dans les ports de Dieppe , le Havre, etc. pendant un intervalle de plusieurs mois ; et ceux des négocians dont le crédit et la fortune n'ont pas suffi pour parer à cette détention provisoire , ont été dans le cas de manquer à leurs engagemens , sans qu'il en soit résulté aucun bien pour l'État.

La condition de charger en retour en produits des manufactures françaises , une valeur égale à celles des denrées importées , sera souvent illusoire , en ce que celui qui aura été assujetti à la preuve d'exportations de cette nature , se procurera aisément les moyens de fournir cette preuve , sans être dans la nécessité de faire l'exportation à laquelle on aura cherché à le soumettre; il s'adressera pour cela au premier manufacturier , négociant ou commissionnaire français, qui, d'après des demandes ou par spéculation

I 2

aura à expédier ces sortes d'objets à l'étranger, et il traitera pour rien ou pour très-peu de chose du certificat qui aura été exigé de lui.

De cette versatilité de réglemens et du mal qu'elle produit toujours, naissent des entraves ou au moins des craintes qui augmentent les contrariétés qu'éprouve le commerce, et s'opposent à ses succès.

Cependant, après les pertes que la révolution lui a fait éprouver, après celles qui, plus malheureusement encore, ont été occasionnées par la guerre injuste et inattendue que viennent de nous déclarer les Anglais, le commerce de France a le plus grand besoin d'être favorisé.

Le mal est grand et il devient urgent d'y remédier·

Paris, Bordeaux, Nantes, presque toutes les villes de fabrique et les ports de mer de la République, voient éclater tous les jours des faillites nombreuses : par fois ces faillites ne proviennent que d'une ambition imprudente, d'un luxe déplacé et peut-être aussi d'un calcul immoral; mais presque toujours elles sont le résultat des circonstances, des gênes, des entraves et du peu de faveur effective qu'éprouve ou qu'obtient le commerce. En même-tems que des dispositions sévères peuvent être adoptées pour punir les vrais coupables, un examen approfondi pourrait aussi être fait du tarif et des réglemens actuels des douanes.

Déjà le Gouvernement a pris une mesure qui doit faciliter une pareille opération. L'avis des chambres de commerce, et les lumières qu'elles apporteront sur ces matières, serviront à faire reconnaître ce qui doit favoriser le commerce et ce qui peut lui nuire.

Mais, tout comme la régie des douanes tiendra à son système et à ses préjugés, les chambres de commerce tiendront peut-être aussi à des intérêts de localité ou de convenance; et en supposant qu'on les provoque, les discussions se prolongeront de part et d'autre avec cette partialité d'opinions ou d'intérêts qui nuit toujours au bien public, seul résultat que le Gouvernement puisse avoir en vue.

Ces réflexions paraissent démontrer la nécessité d'établir entre les douanes et le commerce un intermédiaire, qui, n'étant chargé d'aucune recette et n'ayant aucun intérêt particulier à faire valoir, puisse apprécier d'une manière impartiale les vues des douanes et les objections du commerce. Ce comité central consultatif suppléerait les anciens intendans ou administrateurs du commerce. Il devrait, après avoir consulté le commerce, émettre son avis sur toutes les mesures proposées par la régie des douanes, afin de donner plus de stabilité et de cohérence aux réglemens à intervenir à ce sujet, et de garantir le commerce de tout ce qui pourrait devenir contraire à ses véritables intérêts.

D'autres attributions importantes pourraient également lui être assignées, telles que les primes à proposer pour les découvertes utiles, pour les procédés nouveaux susceptibles de devenir avantageux, et qui en excitant une émulation active, devraient concourir à la plus grande prospérité du commerce français, etc.

Telles sont les vues que présente au Gouvernement, un Français, qui serait jaloux de voir s'opérer plutôt un changement de système commercial , dont la nécessité sera tôt ou tard reconnue. Ces vues auront des partisans et des contradicteurs , suivant les intérêts ou les préjugés divers qu'elles peuvent heurter; mais le Gouvernement saura les apprécier à leur juste valeur, et s'il les croit utiles , les soumettre à une discussion éclairée et impartiale, qui ne laisse plus aucun doute sur l'avantage de leur exécution.

De l'Imprimerie de PORTHMANN , rue Neuve-des-Petits-Champs, N. 23.

Fautes essentielles à corriger.

Page 1, huitième ligne, la nature de ces; *lisez :* la nature de ses.

16, première ligne, d'empêcher une ; *lisez :* d'empêcher qu'une.

28, douzième ligne, sont assujetties ; *lisez :* sont assujettis.

38, vingtième ligne, ne doivent pas être ; *lisez :* ne doit pas être.

49, première ligne, on appercevra; *lisez :* on appercevrait.

80, dix-neuvième ligne, rembourserat; *lisez :* rembourserait.

83, quinzième ligne, autoriserait; *lisez :* autorisait.

125, sixième ligne, ne trouve pas; *lisez :* n'en trouve pas.

Fin de l'Errata.

www.ingramcontent.com/pod-product-compliance
Lightning Source LLC
Chambersburg PA
CBHW062022200326
41519CB00017B/4883